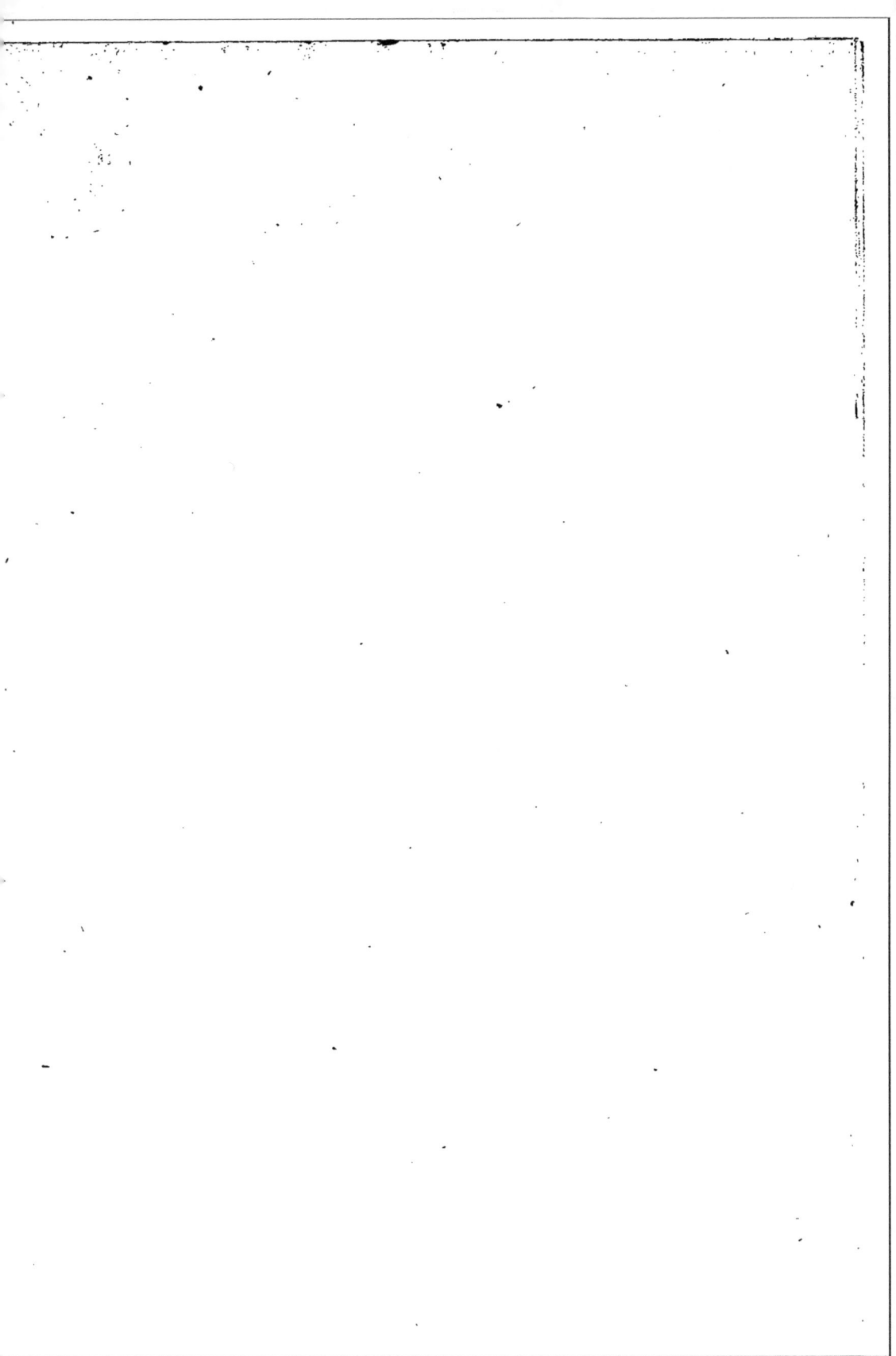

4

Lh 490.

HISTOIRE

DE LA

CAMPAGNE D'ITALIE

EN 1859

MONTEBELLO — PALESTRO
TURBIGO — MAGENTA
MARIGNAN — SOLFERINO
PAIX DE VILLAFRANCA

Avec un beau portrait en pied de S. M. l'Empereur Napoléon III

Prix : 50 centimes.

PARIS

CHEZ LES ÉDITEURS, 34, RUE SAINT-MARC

ET CHEZ TOUS LES LIBRAIRES

1859

DROITS DE TRADUCTION ET DE REPRODUCTION RÉSERVÉS

PARIS. — IMPRIMERIE BÉNARD ET COMPAGNIE

rue Damiette, 2.

HENRI J. AMÉDÉE ROUSSEAU

L'EMPEREUR NAPOLÉON III.

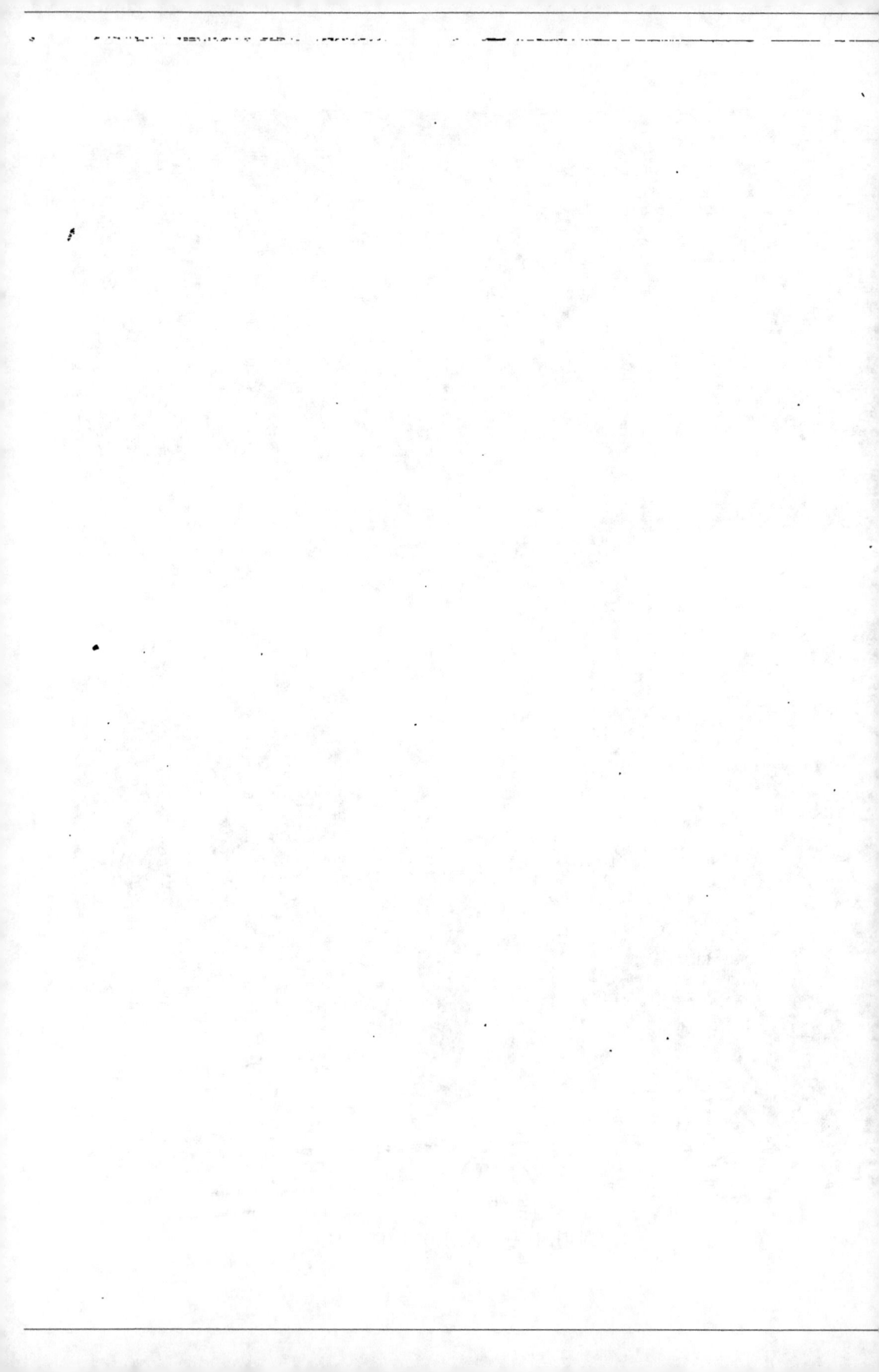

HISTOIRE

DE LA

CAMPAGNE D'ITALIE

EN 1859

Le 21 avril 1859, une émotion soudaine se répandit dans Paris. Le bruit courut que les hostilités allaient éclater immédiatement entre l'Autriche et le Piémont, et que les troupes casernées à Paris venaient de recevoir l'ordre de partir en toute hâte, pour être dirigées par les voies rapides sur Toulon et sur Grenoble. On vit aussitôt la foule courir aux casernes, où les soldats pressaient leurs préparatifs de départ, et échanger avec eux de fraternels adieux. Pendant plus de huit jours, ce ne fut qu'un concert d'acclamations sur le passage de nos troupes, se rendant d'heure en heure au chemin de fer qui devait les emporter au pied des Alpes ou sur les rives de la Méditerranée.

Dès le lendemain 22, le *Moniteur* confirma les nouvelles qui avaient mis en émoi la capitale, et apprit officiellement à la France que l'Autriche, refusant de consentir au désarmement général proposé par l'Angleterre, avait adressé une sommation directe au cabinet de Turin, pour l'inviter à désarmer dans les trois jours, et qu'en présence de ce fait, l'Empereur avait ordonné la concentration de plusieurs divisions sur les frontières du Piémont.

Le 23 avril, Napoléon III ordonna la formation de quatre corps d'armée, et confia le commandement du premier corps au maréchal Baraguey-d'Hilliers. Le général Mac-Mahon fut mis à la tête du deuxième corps, le maréchal Canrobert du troisième, et le général Niel du quatrième corps.

Le commandement d'un corps d'armée spécial fut réservé au prince Napoléon, et la garde impériale placée sous les ordres du général Regnault de Saint-Jean-d'Angély.

Le maréchal Randon, nommé major-général, a été depuis lors remplacé dans ce poste éminent par le maréchal Vaillant, auquel il a succédé à son tour comme ministre de la guerre.

L'Empereur se réservait le commandement en chef de l'armée, et la nomination d'un major-général fit pressentir dès lors cette décision, annoncée quelques jours plus tard dans la proclamation du 3 mai.

L'embarquement commence à Toulon dès le 25 avril. Les 34ᵉ, 37ᵉ et 71ᵉ régiments de ligne partent les premiers, ainsi que la division étrangère. Le 27 s'embarquent sur des vapeurs sardes le 17ᵉ chasseurs à pied, les 74ᵉ, 84ᵉ, 91ᵉ et 98ᵉ régiments de ligne. Avant que le délai fixé dans *l'ultimatum* de l'Autriche fût expiré, nous avions déjà des forces imposantes à Gênes, qui marchaient à grandes journées sur Alexandrie et Turin, et rendaient impossible toute surprise de la part des Autrichiens.

En même temps, d'autres régiments, dirigés les uns sur Grenoble et Briançon, les autres sur Chambéry et Saint-Jean de

Maurienne, descendaient à Suze par le mont Cenis ou par le mont Genèvre, et, le 30 avril au matin, la division **Bouat** tout entière arrivait dans la capitale du Piémont, où elle était reçue par la population et par l'armée, avec les transports d'une joie frénétique.

Mais c'est à Gênes surtout que l'on put voir éclater, dans toute leur exubérance, les sentiments de la nation italienne. C'était de la joie, de l'enthousiasme, du délire. A chaque cri parti des barques ou des quais, les soldats répondaient: « Vive l'Italie ! » et femmes, enfants, hommes faits, vieillards, applaudissaient ou levaient les mains au ciel, comme des naufragés qui, se croyant perdus, voient venir l'embarcation qui apporte le salut. Pendant tout le temps que dura le débarquement, les hourras continuèrent. Quand le premier drapeau passa de *l'Algésiras* sur l'embarcation, tous les chapeaux se levèrent, et Gênes entière, par un mouvement spontané, s'inclina devant le drapeau français comme devant le *labarum* de l'Italie.

Les commandants des corps d'armée partis presque aussitôt après leur nomination, avaient devancé en Italie l'arrivée des troupes. Le 29 avril, le maréchal Baraguey-d'Hilliers, avant de répartir ses divisions dans la vallée de la Scrivia, et de les échelonner depuis Novi et Tortone jusqu'à Alexandrie, data de Gênes, son quartier général, l'ordre du jour suivant :

« Soldats,

« En 1796 et en 1800, l'armée française, sous les ordres du général Bonaparte, remporta en Italie de glorieuses victoires sur les mêmes ennemis que nous allons combattre; plusieurs demi-brigades y acquirent les surnoms de Terrible ou d'Invincible, que chacun de vous, par son courage, sa ténacité et sa discipline, s'efforcera de faire donner à son drapeau.

« Soldats, ayez confiance en moi comme j'ai confiance en vous : montrons-nous dignes de la France, de l'Empereur, et qu'un jour on dise de nous ce qu'on disait de nos pères, comme résumant tous les titres de la gloire :

« *Il était de l'armée d'Italie!* »

Le 30 avril, une partie de nos troupes commencèrent à se mettre en marche sur Alexandrie. Le maréchal Baraguey-d'Hilliers, installé au palais royal, passa en revue chaque division au milieu des acclamations de la ville entière, et les troupes, chargées de vivres pour huit jours, se mirent en route, leurs généraux en tête, avec une ardeur, un entrain, une confiance qui ne faisaient que s'accroître à mesure qu'elles recevaient sur le chemin, à Gavi, à Novi, à Serravalle, les encouragements des populations.

Cependant, désireux de bien préciser le but et la véritable portée de la guerre, l'Empereur adressait, le 3 mai, au peuple français, la solennelle déclaration des principes au nom desquels il tirait l'épée :

« Français, disait-il, l'Autriche, en faisant entrer son armée
« sur le territoire du roi de Sardaigne, notre allié, nous dé-
« clare la guerre. Elle viole ainsi les traités, la justice, et me-
« nace nos frontières. Toutes les grandes puissances ont pro-
« testé contre cette agression. Le Piémont ayant accepté les
« conditions qui devaient assurer la paix, on se demande
« quelle peut être la raison de cette invasion soudaine : c'est
« que l'Autriche a amené les choses à cette extrémité, qu'il
« faut qu'elle domine jusqu'aux Alpes, ou que l'Italie soit libre

« jusqu'à l'Adriatique; car, dans ce pays, tout coin de terre
« demeuré indépendant est un danger pour son pouvoir.

« Jusqu'ici la modération a été la règle de ma conduite;
« maintenant l'énergie devient mon premier devoir.

« Que la France s'arme et dise résolûment à l'Europe : « Je
« ne veux pas de conquête, mais je veux maintenir sans fai-
« blesse ma politique nationale et traditionnelle; j'observe les
« traités, à condition qu'on ne les violera pas contre moi; je
« respecte le territoire et les droits des puissances neutres,
« mais j'avoue hautement ma sympathie pour un peuple dont
« l'histoire se confond avec la nôtre, et qui gémit sous l'op-
« pression étrangère. »

« La France a montré sa haine contre l'anarchie; elle a
« voulu me donner un pouvoir assez fort pour réduire à l'im-
« puissance les fauteurs de désordre et les hommes incorrigi-
« bles de ces anciens partis qu'on voit sans cesse pactiser avec
« nos ennemis; mais elle n'a pas pour cela abdiqué son rôle
« civilisateur. Ses alliés naturels ont toujours été ceux qui
« veulent l'amélioration de l'humanité, et quand elle tire
« l'épée, ce n'est point pour dominer, mais pour affranchir.

« Le but de cette guerre est donc de rendre l'Italie à elle-
« même et non de la faire changer de maître, et nous aurons à
« nos frontières un peuple ami, qui nous devra son indépen-
« dance.

« Nous n'allons pas en Italie fomenter le désordre ni ébran-
« ler le pouvoir du Saint-Père, que nous avons replacé sur son
« trône, mais le soustraire à cette pression étrangère qui s'ap-
« pesantit sur toute la Péninsule, contribuer à y fonder l'ordre
« sur des intérêts légitimes satisfaits.

« Nous allons enfin sur cette terre classique, illustrée par

« tant de victoires, retrouver les traces de nos pères; Dieu
« fasse que nous soyons dignes d'eux!

« Je vais bientôt me mettre à la tête de l'armée. Je laisse en
« France l'Impératrice et mon Fils. Secondée par l'expérience
« et les lumières du dernier frère de l'Empereur, elle saura se
« montrer à la hauteur de sa mission.

« Je les confie à la valeur de l'armée qui reste en France
« pour veiller sur nos frontières, comme pour protéger le foyer
« domestique; je les confie au patriotisme de la garde natio-
« nale; je les confie enfin au peuple tout entier, qui les entou-
« rera de cet amour et de ce dévouement dont je reçois chaque
« jour tant de preuves.

« Courage donc, et union! Notre pays va encore montrer au
« monde qu'il n'a pas dégénéré. La Providence bénira nos ef-
« forts; car elle est sainte aux yeux de Dieu, la cause qui s'ap-
« puie sur la justice, l'humanité, l'amour de la patrie et de
« l'indépendance. »

Le départ de l'Empereur fut fixé au mardi 10 mai. Sa Majesté,
en petite tenue de général de division, képi en tête, quitta les
Tuileries vers six heures du soir, et monta dans une calèche
découverte, où l'Impératrice prit place à ses côtés.

Une foule immense, qui n'avait cessé de grossir depuis quatre heures, se pressait sur tout le parcours que devait suivre la
voiture impériale, et des acclamations retentissaient de toutes
parts. La chaussée fut envahie, la voiture de l'Empereur entou-
rée, et ce fut au milieu des démonstrations de l'enthousiasme le
plus vif que Napoléon III quitta la capitale. Il ne s'arrêta pas
à Marseille; il se rendit directement du chemin de fer au yacht
impérial *la Reine Hortense*, en traversant la Canebière.

Le 12 mai, le yacht impérial était en vue de Gênes, et un coup de canon, tiré des batteries de la Lanterne, annonça son approche. A ce signal, le prince de Carignan et sa suite montèrent sur le petit vapeur *l'Authion* et se portèrent dans la rade à la rencontre de l'hôte illustre du roi. Plus de mille barques pavoisées se joignirent à l'aviso pour aller porter la bienvenue de Gênes à Napoléon III.

Par ses cris, par ses acclamations, par ses vivats, Gênes donna, ce jour-là, à Napoléon III, la mesure des sentiments que l'œuvre généreuse qu'il poursuivait inspirait à la nationalité italienne. La ville tout entière était en fête. La Bourse chômait, les boutiques étaient fermées. Les tentures des grandes solennités, ces pièces d'étoffes brodées de toutes couleurs que l'on suspend aux fenêtres et aux balcons, et qui sont le cachet original de l'Italie comme de l'Espagne, étaient partout étalées à profusion. Dans les principales rues, de grandes oriflammes françaises et sardes se balançaient au vent, de longues guirlandes de fleurs et de feuillages encadraient des transparents ornés d'inscriptions dans les deux langues : — *Vive l'armée française! — Vive le roi! — Vive l'Empereur! — Vive l'Italie! — A nos braves alliés! — A la bravoure et à la générosité françaises!*

Le jour même où l'Empereur débarquait sur la terre alliée, on affichait à Paris l'ordre du jour suivant :

« Soldats!

« Je viens me mettre à votre tête pour vous conduire au « combat. Nous allons seconder la lutte d'un peuple revendi- « quant son indépendance et le soustraire à l'oppression étran-

« gère. C'est une cause sainte qui a les sympathies du monde
« civilisé.

« Je n'ai pas besoin de stimuler votre ardeur : chaque étape
« vous rappellera une victoire. Dans la voie Sacrée de l'an-
« cienne Rome, les inscriptions se pressaient sur le marbre,
« pour rappeler au peuple ses hauts faits ; de même aujourd'hui,
« en passant par Mondovi, Marengo, Lodi, Castiglione, Arcole,
« Rivoli, vous marchez dans une autre voie Sacrée, au milieu
« de ces glorieux souvenirs.

« Conservez cette discipline sévère qui est l'honneur de
« l'armée. Ici, ne l'oubliez pas, il n'y a d'ennemis que ceux
« qui se battent contre vous. Dans la bataille, demeurez com-
« pactes et n'abandonnez pas vos rangs pour courir en avant.
« Défiez-vous d'un trop grand élan, c'est la seule chose que
« je redoute.

« Les nouvelles armes de précision ne sont dangereuses que
« de loin. Elles n'empêcheront pas la baïonnette d'être, comme
« autrefois, l'arme terrible de l'infanterie française.

« Soldats ! faisons tous notre devoir, et mettons en Dieu
« notre confiance. La patrie attend beaucoup de vous. Déjà
« d'un bout de la France à l'autre retentissent ces paroles
« d'un heureux augure : « La nouvelle armée d'Italie sera
« digne de sa sœur aînée. »

La brièveté de notre récit ne nous permet point de suivre
l'Empereur pas à pas dans les excursions et les explorations
auxquelles il se livre chaque jour. De Gênes, où le roi Victor-
Emmanuel vient lui rendre visite, il se rend à Alexandrie. Là,
l'ovation qu'on lui fait n'est pas moins chaleureuse qu'à Gênes.
Sa Majesté visite la citadelle d'Alexandrie, et pousse sa recon-

naissance militaire jusqu'à Valenza, en parcourant les rives du Pô.

La présence de l'Empereur semble avoir donné à nos troupes un élan et une émulation admirables. Elles brûlent de se mesurer avec l'ennemi. Des escarmouches continuelles ont lieu d'une rive à l'autre du Pô.

Il est vrai, d'ailleurs, que Napoléon III se multiplie, qu'il se porte chaque jour dans les environs, et visite successivement toutes les villes voisines dans lesquelles sont cantonnées les divisions françaises. San Salvatore, Occimiano, Tortone, Ponte Curone, le reçoivent tour à tour. Ainsi s'écoulent les premières journées marquées par la présence de l'Empereur sur le théâtre de la guerre. Depuis son arrivée à Alexandrie, il y règne un bruit, une animation sans exemple. Tout le grand mouvement de troupes qui existait à Gênes, il y a huit jours, se concentre maintenant dans cette ville. L'Empereur passe constamment en revue les régiments qui arrivent ou qui partent, et il en part et il en arrive depuis le matin jusqu'au soir. Tout indique que de grandes choses se préparent. Mais, avant d'en aborder le récit, il nous faut revenir sur les opérations antérieures des Autrichiens.

Le 29 avril, date désormais historique, les Autrichiens franchirent le Tessin en trois colonnes, et devant eux se replièrent les avant-postes piémontais, levant partout les écluses et inondant leurs envahisseurs au milieu des plaines de la Lomelline.

Cependant la marche de l'ennemi put être ralentie, mais non arrêtée. Il franchit la Sesia, s'avance par la rive droite du Pô, occupe successivement Novare, Mortara, Verceil et Lomello, mais éprouve un premier échec à Frassinetto, puis le 6 mai commence à abandonner ses positions, sans qu'il soit possible pendant quelques jours de comprendre son attitude. Ce ne sont que marches et contre-marches qui n'offrent pas un grand intérêt et semblent annoncer beaucoup de confusion dans les plans du général en chef. Quoi qu'il en soit, l'armée alliée, restée jusqu'ici spectatrice de toutes ces évolutions, s'est peu à peu rapprochée des avant-postes ennemis, à tel point qu'une action est devenue inévitable.

Le 20 mai, en effet, à une heure, quinze mille Autrichiens, sous les ordres du comte de Stadion, chargé de reconnaître nos forces, attaquent notre extrême droite formée de la division Forey. Les avant-postes piémontais, qui éclairent nos lignes devant Voghera, entendant le canon dans la direction du village de Casteggio, préviennent aussitôt le général Forey qui, ne croyant, sur les indications imparfaites qui lui sont fournies, qu'à une simple reconnaissance, s'avance immédiatement avec environ huit cents hommes. Ces hommes sont placés en tirailleurs; mais bientôt les masses compactes de l'ennemi ne laissent plus de doute sur le véritable but de cette démonstration. Ordre est donné immédiatement de faire avancer le reste de la division, et pendant que cet ordre s'exécute, une poignée de braves tient en échec l'armée autrichienne. Le moment est solennel! La moindre hésitation peut compromettre notre droite et rendre à l'ennemi un prestige et des avantages matériels qu'il a évidemment perdus. La conduite du colonel Cambriels est admirable. Entouré d'une centaine d'hommes, que le feu épargne miraculeusement, il fait une résistance héroïque qui prépare le résultat de la journée.

A l'arrivée de la division, l'engagement devient général, et les nouveaux contingents, quoique numériquement inférieurs, parviennent enfin à rétablir l'équilibre entre des forces si disproportionnées, par l'élan et la bravoure avec lesquels ils abordent les diverses positions défendues par une forte artillerie. Par suite de son éloignement et du mauvais état des chemins, la nôtre, au contraire, ne peut fonctionner très-rapidement. Toutefois, pendant que quelques canons sont efficacement servis contre le gros des Autrichiens, deux autres sont montés à bras par nos artilleurs sur une butte d'où ils balayent la plaine avec un grand succès. Serré de près avec une vigueur extraordinaire par les bataillons disponibles du 74e, du 84e, du 91e, du 98e de ligne et le 17e chasseurs à pied, accourus successivement sur le champ de bataille, l'ennemi est forcé de se retirer, et ce mouvement de retraite est accéléré par une brillante charge de cavalerie piémontaise, commandée par le général de Sonnaz.

Alors toutes les troupes s'ébranlent et poursuivent les Autrichiens jusque dans le village de Montebello, d'où elles ne les délogent qu'à force d'énergie. Chaque maison subit une attaque et chaque rue est le théâtre d'un combat; c'est dans un de ces combats que le général Beuret trouve la mort; mais, à aucun moment et sur aucun point, la supériorité numérique de l'ennemi ne peut prévaloir contre l'ardeur et l'intrépidité de nos troupes.

En quittant ce village, déjà illustré par nos armes, les Autrichiens s'enfuient en déroute et prennent la direction de Pavie, emportant un grand nombre de blessés. Nous occupons également Casteggio. Les pertes de l'ennemi sont considérables; on compte plus de 2,000 hommes tant blessés que tués et 200 prisonniers dont un colonel. Les nôtres sont moins nombreuses, mais non moins sensibles. Nous avons 6 ou 700 tués ou blessés.

Cette affaire, comme l'attestent les bulletins officiels, fait le plus grand honneur au général Forey, ainsi qu'aux troupes et aux chefs de corps qui l'ont si puissamment secondé. Il n'y a pas soixante ans encore qu'un autre général français, le général Lannes, rendait le nom de Montebello célèbre. Il remportait sur les mêmes ennemis, avec des forces comme aujourd'hui numériquement très-faibles, une brillante victoire; seulement les positions étaient inverses : nous avions l'offensive et nous occupions fortement Montebello.

L'Empereur se transporta le lendemain dans la plaine qui entoure le petit village de Montebello : le champ de bataille était encore jonché de cadavres; le général Forey avait reçu, sur le fourreau de son sabre, une balle dont le contre-coup avait produit une contusion. Il s'avança vers l'Empereur en traînant un peu la jambe. L'Empereur se précipita dans ses bras et l'embrassa. Il embrassa également le vaillant colonel Cambriels.

Une triste journée fut celle du lendemain de la bataille; un spectacle navrant, celui du débarquement des blessés à Alexandrie. Plusieurs convois les amenèrent successivement à la gare du chemin de fer, d'où les uns, transportés sur des civières, et les autres à pied, furent conduits à l'hôpital. Toute la population se pressait sur les pas de ces braves; parmi eux, se trouvait le colonel Conseil-Dumesnil, atteint légèrement par une balle au-dessus du sourcil, et qui se rendait à Gênes pour y attendre la guérison complète de sa blessure.

L'arrivée des prisonniers autrichiens eut aussi quelque chose de solennel et de triste. Ils entrèrent à Alexandrie sous l'escorte d'un détachement du 7e chasseurs à cheval et d'une brigade de gendarmerie. En tête du convoi, marchaient deux voitures : dans l'une se trouvaient deux officiers ennemis; dans l'autre, plusieurs officiers blessés légèrement. Les prisonniers qui marchaient à pied portaient la plupart l'uniforme des soldats d'infanterie; parmi eux se trouvaient aussi quelques Tyroliens et quelques hussards hongrois.

L'Empereur fit remettre dix francs à chaque soldat, et cent francs à chaque officier prisonnier; en outre, avant leur départ pour Gênes et pour Marseille, un repas copieux leur fut servi. Ces excellents traitements produisirent sur l'esprit de ces malheureux une profonde impression; mais ce qui les toucha surtout, ce fut la générosité de nos soldats, et les soins dont ils les entourèrent.

La mort du général Beuret est l'événement le plus douloureux de cette journée. La perte de ce brave officier a été vivement sentie dans tous les rangs de l'armée. Sa bravoure simple, sans forfanterie, a ait sur les soldats une influence entraînante. La mort l'a arrêté à un âge où il avait encore une brillante carrière à parcourir : il n'avait que 56 ans.

La journée du 20 mai marque le commencement d'une série d'opérations victorieuses de la part des alliés. Le lendemain du jour où le corps d'armée du comte Stadion avait essuyé une déroute si complète à Montebello, le général Cialdini, par une habile manœuvre et avec une grande hardiesse, força le passage de la Sesia en deux endroits. Voulant s'emparer de la tête gauche du pont de Verceil, rompu par les Autrichiens, et protéger la construction d'un pont sur la Sesia, le général mit en mouvement deux colonnes qui, passant la rivière, se réunirent sur le même point. Une de ces colonnes s'était rendue à Albano; elle avait passé à gué la Sesia; assaillie par un grand nombre d'ennemis embusqués, elle soutint un combat très-vif vers Villata, jeta le desordre dans les rangs autrichiens, et parvint

2

à s'établir à Borgo Vercelli, ayant perdu peu de monde. L'autre colonne passa à gué la Sesia à Capucchini Vecchi, surprit deux compagnies ennemies et s'établit à Torrione. La perte du côté des Piémontais fut légère ; celle des Autrichiens, considérable ; ils laissèrent entre les mains des assaillants de nombreux prisonniers.

Plusieurs jours s'écoulèrent sans amener, de part ni d'autre, un mouvement décisif. De courtes fusillades, des escarmouches quotidiennes s'échangeaient constamment entre les postes avancés des deux camps. L'ennemi poussa plusieurs reconnaissances sans résultat jusqu'à Borgo Vercelli. L'impatience, l'ardeur de l'armée piémontaise, qui occupait les points les plus rapprochés de l'ennemi et qui brûlait de se distinguer sous les yeux de son roi, rendaient cependant une rencontre inévitable. Il entrait d'ailleurs dans le plan des armées alliées de continuer à refouler les Autrichiens au delà de la Sesia.

L'Empereur cependant continuait ses excursions quotidiennes sur les divers points où nos troupes sont cantonnées. De Tortone à Voghera, de Verceil à Casale, il voulut voir tout le pays, pousser des reconnaissances dans tous les sens et se rendre compte par lui-même de la situation et des dispositions de l'armée.

Partout il rencontra le même entrain, la même impatience. Le 19 mai, dans sa visite à Tortone, il put se convaincre de l'état satisfaisant de santé, de l'excellente tenue et de l'attitude martiale des soldats. Plusieurs fois Sa Majesté s'entretint familièrement avec eux, et leur donna des marques d'intérêt qui les impressionnèrent vivement.

La visite de l'Empereur à Tortone avait un but important, c'était de suivre les progrès des travaux ordonnés pour réparer le pont sur la Scrivia, que les Autrichiens, en se retirant, avaient essayé de faire sauter, et dont ils avaient seulement endommagé le tablier.

Le lendemain, à quatre heures du matin, l'Empereur partit d'Alexandrie et se rendit à Casale par le chemin de fer. Arrivée dans cette ville, Sa Majesté monta à cheval et visita les fortifications exécutées depuis quelques années par les ordres du gouvernement sarde.

L'Empereur traversa ensuite le fleuve, fit une reconnaissance du côté de Verceil et revint à Casale, où il conféra avec le roi de Piémont, qui s'y était rendu de son quartier général. Après un entretien qui dura près d'une heure, les deux souverains se séparèrent, et l'Empereur repartit par le chemin de fer pour Alexandrie, où il arriva à neuf heures.

Ce fut dans l'après-midi de cette même journée que l'Empereur fit une excursion à Marengo. Après avoir visité le château construit sur l'emplacement même du combat, Sa Majesté voulut examiner avec détail ce mémorable champ de bataille. Elle reconnut successivement les têtes de pont par lesquelles les Autrichiens débouchèrent dans la plaine; les positions occupées par les généraux Lannes et Victor au commencement de l'action; le ruisseau de Fontanone, dont le passage fut si vivement disputé; le village de Marengo et la route d'Alexandrie à Plaisance, où Lannes, accablé par le nombre, défendit avec une bravoure si opiniâtre le terrain qu'il était obligé de céder; San Giuliano, où Desaix, revenu au bruit du canon, arrêta la retraite de nos troupes, mais où il trouva la mort; enfin l'endroit où Kellermann exécuta la célèbre charge de flanc qui décida du sort de la journée.

L'Empereur rentra ensuite à Alexandrie par Castel Ceriolo,

en suivant le long du Tanaro la route par laquelle le général Ott essaya de tourner l'armée française.

Qu lqu s jours après, Sa Majesté se rendit à Voghera, se porta sur le lieu où fut si lâchement assassinée par les Autrichiens a famille Cignoli, prit des informations, des notes, et poussa sa course jusqu'à Casteggio pour y étudier la position militaire.

La dernière excursion importante de l'Empereur avant son départ d'Alexandrie fut à Verceil, où il ne devait pas tarder à fixer son séjour. Le 26 mai, il arriva dans cette ville, visita le p nt de la Sesia rompu par les Autrichiens, et quitta Verceil à on e heures du soir.

Le dernier décret que signe l'Empereur de son quartier-général d'Alexandrie est consacré aux promotions faites à l'occasion de notre glorieux combat de Montebello.

Napoléon III arrive à Verceil le 30 mai, à 4 heures de l'après midi, descend au palais de l'archevêché, s'y repose à pein quelques instants, et se dirige aussitôt, suivi d'une forte partie de son état-major, vers le pont de bois jeté par nos pontonniers sur la Sesia. Les troupes françaises étaient rangées en bataille dans les rues et hors la ville, prêtes à franchir la rivière. Sa Majesté se plaça à la tête du pont, et assista au défilé des troupes qui franchissaient la Sesia.

Pendant le défilé on entendait retentir le canon du côté de Vinzaglio et de Palestro. Le roi de Piémont opérait, depuis midi, à la tête des divisions Cialdini et Fanti, sa magnifique attaque contre les Autrichiens, retranchés dans Palestro et lançant contre leurs assaillants de formidables bordées de mitraille. Les Autrichiens étaient si bien retranchés dans Palestro, qu'il fallut faire le siége de cette bourgade rue par rue, maison par maison ; ce ne fut qu'après une lutte désespérée, que l'ennemi lâcha pied et prit la fuite. On avait fait aux Autrichiens un peu plus de deux cents prisonniers, dont huit officiers, et on leur avait mis deux mille et quelques cents hommes hors de combat.

La ville de Verceil fut brillamment illuminée le soir pour célébrer à la fois cet heureux événement et l'arrivée de l'Empereur. Cependant cette première journée n'était que le prélude du combat auquel le nom de Palestro restera attaché dans l'histoire.

Tandis que Victor-Emmanuel, à la tête de la division Cialdini, occupait Palestro, les généraux Durando et Fanti s'emparaient de Vinzaglio et de Casalino. Les avant-postes autrichiens, formés des soldats slavons du régiment de Wimpfen, étaient répartis dans ces trois villages, et le hasard voulut qu'au moment où la lutte s'engagea, l'échange des postes fût en voie d'exécution entre le régiment Wimpfen et le régiment Léopold, ce dernier composé d'Italiens. L'ennemi fut donc deux fois plus nombreux qu'on ne s'y attendait, mais on sait que les soldats piémontais, comme les nôtres, s'inquiètent peu du nombre de leurs adversaires.

Le combat cessa à la nuit tombante. Le lendemain matin, le roi se remit en campagne dès sept heures du matin. Il prit avec lui la division Cialdini, une brigade de celle de Castelborgo, deux escadrons de chevau-légers d'Alexandrie et une batterie : en tout, quinze mille hommes, sans compter le 3ᵉ régiment de zouaves.

De leur côté, les Autrichiens, qui avaient à venger une défaite, à prendre une revanche et qui tenaient à occuper l'excellente position de Palestro, se remirent en route pour ce dernier village, leur objectif de guerre. Le corps autrichien se composait des généraux Lilia et Jellachich, frère de l'ancien ban de Croatie, et de deux batteries formant environ trente-cinq mille hommes. Ils avaient appris par leurs espions que, dans la matinée, les divisions Renault et Trochu, du corps du maréchal Canrobert, devaient faire leur jonction avec le corps du roi ; ils s'étaient avancés droit sur Prarola, où avaient bivouaqué les Français, sur la rive droite de la Sesia, laissant à leur gauche Palestro.

L'avant-garde du roi et celle des Autrichiens se rencontrèrent vers neuf heures, et la fusillade commença. Le terrain du combat était mal choisi, entrecoupé de canaux, de rizières, de fossés, et sillonné seulement par quelques petits sentiers ; la cavalerie ne pouvait faire aucune charge, et l'artillerie manœuvrait avec peine. Les Autrichiens placèrent cependant une batterie de huit pièces sur un talus, à trois cents mètres d'un gros torrent qu'ils n'osèrent pas franchir, parce qu'ils étaient en face du gué par lequel les Français devaient venir rejoindre le roi, et qu'ils avaient à leur gauche le 3e zouaves.

Quoique le roi se fût trompé sur la marche des ennemis, il soutint l'attaque avec vigueur, concentrant ses forces, tandis que les Autrichiens déployaient les leurs. La fusillade durait depuis neuf heures, lorque, à onze heures et demie, les Autrichiens mirent huit pièces en batterie sur le bord de la Bisogna. Les zouaves, qui étaient campés sur l'autre rive, à deux mille mètres du champ de bataille, étaient dispersés sur l'herbe et préparaient tranquillement leur café, lorsque quelques éclats de boulets tombèrent au milieu d'eux. D'un saut ils sont debout, se jettent sur leurs armes, et courent en hâte, sans s'inquiéter des fossés et des rizières qui sont au travers de leur chemin.

Arrivés au bord du torrent, une volée de mitraille les accueille, mais ne les arrête point. Ils se jettent à l'eau jusqu'aux épaules, abordent l'autre rive, et, malgré la mitraille qui laboure la plaine, qui les fauche à bout portant, ils arrivent en masse compacte sur les batteries autrichiennes, tuent les artilleurs sur leurs pièces et s'emparent de huit canons, dont six sont encore chargés.

Cette impétueuse attaque des zouaves décide le succès de la journée. Le roi, qui les a vus se précipiter sur l'ennemi avec leur furie toute française, court se mettre à leur tête, et veut rester avec eux devant la gueule des canons autrichiens; mais, en présence du danger auquel s'expose Victor-Emmanuel, les zouaves se jettent au devant de lui et essayent de l'arrêter. Le roi se dégage du groupe qui le retient et, piquant des deux, la tête haute, l'épée à la main, il s'élance sur les bataillons ennemis. aux applaudissements de quinze mille hommes, qui oublient un instant que le fier cavalier qui joue sa vie avec la courageuse insouciance du dernier de ses soldats est le premier du royaume.

A ce moment, l'armée alliée ressent comme une commotion électrique, et tous, zouaves, bersaglieri, chevau-légers d'Alexandrie, guidés par Victor-Emmanuel dont l'attitude est magnifique, enfoncent les rangs autrichiens au pas de course, se faisant jour à coups de crosses, à coups de sabres, à la baïonnette. Ce n'est plus, du moins en apparence, un combat régulier, c'est une mêlée sanglante, horrible, où chacun pour son compte cherche à faire la trouée la plus profonde; les zouaves et les bersaglieri s'encouragent et s'excitent mutuellement; les chevau-légers chargent sans relâche, jaloux de la gloire et du succès de l'infanterie. Au centre, le roi, admiré de tous, calme au milieu d'un effroyable orage de balles, dirige avec une habileté rare cette mêlée furieuse, et assure par ses sages dispositions le succès glorieux de l'armée alliée. A deux heures, les Autrichiens abandonnent toutes leurs positions et fuient avec tant de précipitation, que quatre cents d'entre eux se noient dans un torrent.

Les Autrichiens laissèrent entre les mains des vainqueurs onze cents prisonniers, dont cinq cents avaient été faits par les zouaves. Douze cents des leurs à peu près furent tués ou blessés. Parmi eux on signale le général Salat. Les zouaves eurent cent-huit blessés, presque tous aux jambes, et quatre-vingts morts, parmi lesquels le capitaine adjudant-major Drut.

L'Empereur arriva sur le champ de bataille à la fin de la mêlée, et rendit justice à l'héroïque conduite du 3e régiment de zouaves. Le roi de Sardaigne adressa, le jour même, à son armée la proclamation suivante, datée de son quartier général de Torrione :

« Soldats!

« Un nouveau et splendide fait d'armes a été signalé aujourd'hui par une nouvelle victoire.

« L'ennemi nous a vigoureusement attaqués à Palestro. Il a lancé la plus grande partie de ses forces contre notre droite, pour empêcher notre jonction avec le corps du maréchal Canrobert.

« L'instant était solennel : nos troupes étaient de beaucoup inférieures en nombre à celles de l'ennemi, mais les assaillants avaient devant eux les valeureux soldats de la 4e division, conduits par le général Cialdini et l'incomparable régiment du 3e zouaves, qui a puissamment contribué à la victoire, en combattant aujourd'hui dans nos rangs.

« La mêlée a été meurtrière, mais à la fin les troupes alliées
ont repoussé l'ennemi, après lui avoir fait éprouver de graves
pertes, parmi lesquelles un général et plusieurs officiers.

« Nous avons fait environ mille prisonniers; huit canons
ont été pris à la baïonnette, cinq par les zouaves, trois par les
nôtres.

« Au moment même où se livrait le combat de Palestro, le
général Fanti, à la tête des troupes de la 2ᵉ division, repous-
sait également avec succès une attaque des Autrichiens sur
Confienza.

« Sa Majesté l'Empereur, qui est venu visiter le champ de
bataille, a exprimé sa très-vive satisfaction et apprécié l'immense avantage du succès de la journée.

« Soldats!

« Persévérez dans vos sublimes dispositions et je vous donne
l'assurance que le ciel couronnera votre œuvre si courageu-
sement entreprise. »

Le succès de la veille avait été annoncé par une autre proclamation du roi, et par un ordre du jour du général della
Rocca, dans lequel cet officier rappelait que le 30 mai est une
date célèbre dans l'histoire du Piémont, et que le fils de
Charles-Albert venait de rendre le plus éclatant hommage à la
mémoire du vainqueur de Goito.

A la suite des deux combats du 30 et du 31, il ne restait plus
qu'à marcher sur Novare, cette dernière étape piémontaise sur la
route qui mène en Lombardie. Le général Niel fut chargé de
débusquer l'ennemi. Il s'avança donc le 1ᵉʳ juin, à 7 heures
du matin, à la tête d'une partie de son corps d'armée, et rencontra deux ou trois cents hommes qui venaient lui disputer le

passage de la Gogna. Le 15e bataillon de chasseurs fut lancé contre l'ennemi, qui prit la fuite immédiatement, laissant en notre pouvoir deux pièces d'artillerie. Pas un coup de fusil ne fut tiré de part ni d'autre. A la porte Milano, les Autrichiens avaient placé deux canons qui saluèrent l'arrivée de nos troupes par une décharge de mitraille. Ces deux canons furent pris à la baïonnette. Au Campo Santo on s'empara encore de deux autres canons, on fit deux cents prisonniers, et les troupes françaises entrèrent, tambours battants, dans Novare comme dans une ville ouverte, aux acclamations des habitants qui criaient : « Vive la France! vive l'Empereur! vive l'Italie! » Il ne restait plus un seul Autrichien dans la ville.

L'Empereur, parti de Verceil à trois heures, arrive à cinq heures à Novare, où il transporte son quartier général. L'enthousiasme de la population à la vue des Français et de leur souverain éclate en démonstrations de toute nature. Toutes les rues sont pavoisées, toutes les maisons illuminées. Nos troupes, arrivées depuis quelques heures, se remettent en marche, le 2 juin, à deux heures de l'après-midi, la garde impériale en tête, et, le surlendemain, une dépêche télégraphique apprend à la France que l'armée française a passé le Tessin. C'est donc en Lombardie que le théâtre de la guerre va se transporter désormais.

Cependant une diversion très-importante pour l'armée alliée s'accomplissait sur un autre point. Garibaldi, à la tête du corps des chasseurs des Alpes, arrivait à Romagnano le 23 mai ; de là, il se portait, prompt comme la foudre, à Arona, franchissait le Tessin au-dessous du lac Majeur, et entrait en Lombardie, le 24, au-dessous de Sesto Calende.

Une fois qu'il a mis le pied sur le territoire lombard, Garibaldi marche directement sur Varese, sur la route de Côme. On n'a vraiment pas le temps de le suivre dans sa course triomphale, soulevant, entraînant, ressuscitant les populations au passage. Le voici à Varese; il est accueilli au cri de : « Vivent le roi Victor-Emmanuel et l'indépendance italienne! » Tous les villages des environs arborent les drapeaux italiens aux trois couleurs. Luino, Maccagno, toute la rive du lac Majeur sont debout; le tocsin retentit à tous les clochers, et l'effervescence est si menaçante, que les douaniers autrichiens ne peuvent s'échapper qu'avec peine en se réfugiant en costume civil sur le territoire suisse.

Le fil télégraphique entre Bergame et Colico, à l'extrémité supérieure du lac de Côme, est coupé, et les poteaux, sciés, brisés à coups de hache par la population soulevée, sont jetés dans le lac.

En présence de ces faits, le colonel Bontemps rapproche ses troupes de la frontière. La brigade Ott et la brigade Gauzenbach sont portées rapidement du côté de Mendrisio; mais elles n'ont qu'à constater le mouvement toujours croissant de l'insurrection.

Cependant, le 26, à quatre heures du matin, Garibaldi fut attaqué à Varese par les Autrichiens. Le premier choc fut terrible, mais le combat ne fut pas long; les volontaires de Garibaldi se servirent de la baïonnette comme l'auraient fait nos zouaves. A deux heures, les Autrichiens, au nombre de huit mille, revenaient à la charge. Ils avaient du canon, et les barricades élevées à l'entrée de Varese pouvaient ne pas tenir longtemps contre le feu d'une batterie. Garibaldi eut encore recours aux grands moyens : il lança ses volontaires et, après trois heures de combat, les Autrichiens battirent en retraite, laissant trois canons et des prisonniers entre les mains des vainqueurs.

Le lendemain, nouvelle victoire. Avec son intrépide colonne, Garibaldi s'avance toujours au cœur de la Lombardie. Il marche sur Côme, rencontre les Autrichiens à Borgo Vico. Un combat terrible s'engage; le tocsin sonne à toutes volées et mêle sa voix lugubre aux éclats de l'artillerie; les paysans accourent se ranger sous les drapeaux de l'indépendance, et les Autrichiens, menacés partout, fuient précipitamment pour se rallier à Camerlata, la tête de ligne du chemin de fer de Milan, où une nouvelle bataille est livrée le 28.

Après ce combat, victorieux toujours, Garibaldi fit son entrée dans la ville de Côme; les illuminations étaient prêtes d'avance, de sorte qu'en un clin d'œil toutes les fenêtres apparurent resplendissantes de lumières et de fleurs.

Il fait de la ville de Côme son quartier général, établit ses avant-postes à Cantù, sur la route de Milan, et paraît se disposer à marcher sur cette ville aussitôt qu'il aura réuni des forces suffisantes pour ne pas compromettre le succès d'une entreprise qu'il conduit avec autant d'habileté que d'audace. Les volontaires accourent de tous côtés se ranger sous ses drapeaux. L'insurrection s'étend et se propage dans la Valteline. Sondrio, chef-lieu de la délégation de cette province, proclame Victor-Emmanuel, dont la royauté est déjà reconnue a Varese, à Angera, à Côme; des commissaires sardes constituent des municipalités, créent une garde nationale, lèvent des bataillons de volontaires. La ville de Lecco s'est ralliée au mouvement national. et cette adhésion est d'une extrême importance.

Escorté ainsi non-seulement par les sympathies, mais par le concours actif des populations, Garibaldi réunit dans ses mains une puissance considérable, et, s'il ne se croit pas suffisamment appuyé pour marcher tout de suite sur Milan, il peut chercher à s'emparer de la grande route ouverte qui unit les deux superbes voies du Stelvio et du Splugen, en côtoyant la la rive orientale du lac jusqu'à Colico.

En mettant le pied sur le sol de la Lombardie, Garibaldi avait adressé aux habitants cette proclamation :

« Lombards !

« Vous êtes appelés à une nouvelle vie, et vous devez répondre à l'appel, comme le firent vos pères à Ponsida et Legnano. L'ennemi est encore le même : atroce, assassin, impitoyable et pillard. Vos frères de toutes les provinces ont juré de vaincre ou de mourir avec vous. C'est à nous à venger les insultes, les outrages, la servitude de vingt générations passées ; c'est à nous à laisser à nos fils un patrimoine pur de la domination du soldat étranger.

« Victor-Emmanuel, que la volonté nationale a choisi pour notre chef suprême, m'envoie au milieu de vous pour vous organiser dans les batailles patriotiques. Je suis touché de la sainte mission qui m'est confiée, et fier de vous commander.

« Aux armes donc ! le servage doit cesser. Qui peut saisir une arme et ne la saisit pas, est un traître !

« L'Italie, avec ses enfants unis et affranchis de la domination étrangère, saura reconquérir le rang que la Providence lui a assigné parmi les nations. »

De tels accents devaient trouver de l'écho dans ces provinces, qui supportaient impatiemment un joug odieux et antinational.

Le lendemain de l'occupation de Novare par le général Niel,

les Autrichiens évacuent Robbio et Mortara, c'est-à-dire toute la province de Lomelline, et traversent le Tessin par Vigevano et Berengardo pour rentrer en Lombardie. Leurs troupes se concentrent sur la rive gauche du fleuve, autour de Rosate, où le général Giulay établit son quartier général.

En se retirant, l'ennemi fait sauter le pont de San Martino. Le 3 juin, à la pointe du jour, le général Espinasse se porte, avec une brigade, sur la tête de pont que les Autrichiens abandonnent à son approche. Le 2e corps, sous les ordres du général Mac-Mahon, quitte Novare pour se porter sur Turbigo, et y franchir le Tessin sur le pont élevé sous la protection des voltigeurs de la garde impériale.

La tête de colonne de la première division du 2e corps franchit le pont vers une heure et demie. Au moment où, s'étant porté en avant, le général Mac-Mahon reconnaissait le terrain et visitait les hauteurs de Robecchetto pour y établir les troupes, il s'aperçut tout à coup qu'à cinq cents mètres environ, une colonne autrichienne, paraissant venir de Buffalora, marchait sur Robecchetto, avec l'intention évidente d'occuper ce village.

Le général de La Motte-Rouge reçut l'ordre de se porter, avec ses trois bataillons de tirailleurs algériens, sur Robecchetto et de les disposer en trois colonnes d'attaque qui seraient, au commandement général, convergées sur le village, et, en y pénétrant par la rue principale qui le traverse de l'est à l'ouest, chercher à le tourner aussi par la partie est, de manière à menacer la retraite de l'ennemi.

Ces colonnes, enlevées avec la plus grande vigueur à la voix du général de La Motterouge et à celle de leur colonel, marchèrent résolûment sur Robecchetto, sans faire usage de leur feu. Accueillies à l'entrée du village par une très-vive fusillade.

elles se précipitèrent tête baissée sur les Autrichiens qui en dé
fendaient les abords. Dans l'intérieur du village seulement elles
firent usage de leur feu et aussitôt se précipitèrent à la baïonnette sur tous ceux qui essayaient de résister et de leur barrer
le passage. En dix minutes l'ennemi était délogé et en retraite
sur la route par laquelle il était venu. Les tirailleurs le poursui-
virent jusqu'à deux kilomètres, et lui tuèrent beaucoup de monde.

Le général d'artillerie Auger, de la division Camou, suivi
d'une batterie de la réserve générale de l'armée, appuyait cette
attaque, et contribua grandement à son succès. Cet officier se
distingua en outre personnellement par une action d'éclat, qui
lui valut une citation à l'ordre général de l'armée. Croyant aper-
cevoir dans les blés une pièce autrichienne ayant quelque peine
à suivre le mouvement de l'ennemi, il se précipita au galop sur
elle et s'en empara. Près de la pièce, gisait à terre le commandant d'une batterie, coupé en deux par un de nos boulets
Les pertes du deuxième corps d'armée s'élèvent à un capitaine
tué, quatre officiers blessés, dont un colonel d'état-major, sept
soldats tués et trente-huit blessés.

Ainsi que nous l'avons dit plus haut, les troupes franco-sardes prennent maintenant l'offensive sur toute la ligne; elles
se dirigent sur Milan, en passant sur les ponts jetés à Turbigo,
petit village situé au-dessus de Buffalora, entre la rivière et le
canal de Naviglio-Grande.

L'opération s'exécute avec un remarquable ensemble, malgré
la résistance de l'ennemi, dont plusieurs détachements ont repassé le Tessin en grand nombre. Les débouchés sont étroits,
la garde impériale soutient le choc, à elle seule, pendant deux
heures. Une bataille sanglante s'engage; l'ennemi est culbuté
sur tous les points.

Pour le récit de cette bataille, nous croyons devoir laisser la parole aux documents officiels. Le Bulletin de l'armée d'Italie a donné la plus saisissante et la plus complète relation de la glorieuse journée de Magenta. On chercherait en vain à présenter un tableau plus émouvant et plus fidèle de cette lutte épique, destinée à prendre place parmi les plus beaux faits d'armes de nos annales. L'émotion et l'enthousiasme que la lecture de ce récit a excités dans tous les cœurs, nous sont de sûrs garants de la satisfaction avec laquelle on le retrouvera dans ces pages.

« Quartier général de San Martino,
le 5 juin 1859.

« L'armée française, réunie autour d'Alexandrie, avait devant elle de grands obstacles à vaincre. Si elle marchait sur Plaisance, elle avait à faire le siége de cette place et à s'ouvrir de vive force le passage du Pô qui, en cet endroit, n'a pas moins de 900 mètres de largeur, et cette opération si difficile devait être exécutée en présence d'une armée ennemie de plus de 200,000 hommes.

« Si l'Empereur passait le fleuve à Valence, il trouvait l'ennemi concentré sur la rive gauche, à Mortara, et il ne pouvait l'attaquer dans cette position que par des colonnes séparées, manœuvrant au milieu d'un pays coupé de canaux et de rizières. Il y avait donc des deux côtés un obstacle presque insurmontable : l'Empereur résolut de le tourner, et il donna le change aux Autrichiens, en massant son armée sur la droite et en lui faisant occuper Casteggio et même Robbio sur la Trebbia.

« Le 31 mai, l'armée reçut l'ordre de marcher par la gauche, et franchit le Pô à Casale dont le pont était

« resté en notre possession ; elle prit aussitôt la route de Ver-
« celli, où le passage de la Sesia fut opéré pour protéger e
« couvrir notre marche rapide sur Novare. Les efforts de l'ar-
« mée furent dirigés vers la droite sur Robbio, et deux combats
« glorieux pour les troupes sardes, livrés de ce côté, eurent en-
« core pour effet de fraire croire à l'ennemi que nous marchions
« sur Mortara. Mais pendant ce temps, l'armée française s'était
« portée sur Novare, et elle y avait pris position sur le
« même emplacement où, dix ans auparavant, le roi Charles-
« Albert avait combattu. Là elle pouvait faire tête à l'ennemi
« s'il se présentait.

« Ainsi, cette marche hardie avait été protégée par 100,000
« hommes campés sur notre flanc droit, à Olengo, en avant de
« Novare. Dans ces circonstances, c'était donc à la réserve
« que l'Empereur devait confier l'exécution du mouvement qui
« se faisait en arrière de la ligne de bataille.

« Le 2 juin, une division de la garde impériale fut dirigée
« vers Turbigo, sur le Tessin, et, n'y trouvant aucune résis-
« tance, elle y jeta trois ponts.

« L'empereur ayant recueilli des renseignements qui s'accor-
« daient à lui faire connaître que l'ennemi se retirait sur la rive
« gauche du fleuve, fit passer le Tessin en cet endroit par le
« corps d'armée du général Mac-Mahon, suivi le lendemain par
« une division de l'armée sarde. Nos troupes avaient à peine
« pris position sur la rive lombarde qu'elles y furent attaquées
« par un corps autrichien venu de Milan par le chemin de fer.
« Elles le repoussèrent victorieusement sous les yeux de
« l'Empereur.

« Dans la même journée du 2 juin, la division Espinasse
« s'étant avancée sur la route de Novare à Milan jusqu'à Tre-

« cate, d'où elle menaçait la tête de pont de Buffalora, l'ennemi
« évacua précipitamment les retranchements qu'il avait établis
« sur ce point, et se replia sur la rive gauche, en faisant sauter
« le pont de pierre qui traverse le fleuve en cet endroit. Toute-
« fois, l'effet de ses fourneaux de mine ne fut pas complet, et
« les deux arches de pont qu'il s'était proposé de renverser
« s'étant seulement affaissées sur elles-mêmes sans s'écrouler,
« le passage ne fut pas interrompu.

« La journée du 4 avait été fixée par l'Empereur pour la
« prise de possession définitive de la rive gauche du Tessin.
« Le corps d'armée du général Mac-Mahon, renforcé de la di-
« vision des voltigeurs de la garde impériale et suivi de toute
« l'armée du roi de Sardaigne, devait se porter de Turbigo
« sur Buffalora et Magenta, tandis que la division des grena-
« diers de la garde impériale s'emparerait de la tête de pont de
« Buffalora sur la rive gauche, et que le corps d'armée du ma-
« réchal Canrobert s'avancerait sur la rive droite pour passer
« le Tessin au même point.

« L'exécution de ce plan d'opérations fut troublée par quel-
« ques-uns de ces incidents avec lesquels il faut compter à la
« guerre. L'armée du roi fut retardée dans son passage de la
« rivière, et une seule de ses divisions put suivre d'assez loin
« le corps du général Mac-Mahon.

« La marche de la division Espinasse souffrit aussi des re-
« tards, et, d'un autre côté, lorsque le corps du maréchal Can-
« robert sortit de Novare pour rejoindre l'Empereur, qui s'était
« porté de sa personne à la tête de pont de Buffalora, ce corps
« trouva la route tellement encombrée qu'il ne put arriver que
« fort tard au Tessin.

« Telle était la situation des choses, et l'Empereur attendait,

« non sans anxiété, le signal de l'arrivée du corps du général
« de Mac-Mahon à Buffalora, lorsque, vers les deux heures, il
« entendit de ce côté une fusillade et une canonnade très-vives :
« le général arrivait.

« C'était le moment de le soutenir en marchant vers Magenta.
« L'Empereur lança aussitôt la brigade Vimpfen contre les
« positions formidables occupées par les Autrichiens en avant
« du pont ; la brigade Cler suivit le mouvement. Les hauteurs
« qui bordent le Naviglio (grand canal) et le village de Buffa-
« lora furent promptement emportés par l'élan de nos troupes ;
« mais elles se trouvèrent alors en face de masses considérables
« qu'elles ne purent enfoncer et qui arrêtèrent leurs progrès.

« Cependant le corps d'armée du maréchal Canrobert ne se
« montrait point, et, d'un autre côté, la canonnade et la
« fusillade qui avaient signalé l'arrivée du général de Mac-
« Mahon avaient complétement cessé. La colonne du général
« avait-elle été repoussée, et la division des grenadiers de la
« garde allait-elle avoir à soutenir, à elle seule, tout l'effort de
« l'ennemi ?

« C'est ici le moment d'expliquer la manœuvre que les Au-
« trichiens avaient faite. Lorsqu'ils eurent appris, dans la
« nuit du 2 juin, que l'armée française avait surpris le passage
« du Tessin à Turbigo, ils avaient fait repasser rapidement ce
« fleuve, à Vigevano, par trois de leurs corps d'armée, qui
« brûlèrent les ponts derrière eux. Le 4, au matin, ils étaient
« devant l'Empereur au nombre de 125,000 hommes, et c'est
« contre ces forces si disproportionnées que la division des
« grenadiers de la garde, avec laquelle se trouvait l'Empereur,
« avait seule à lutter.

« Dans cette circonstance critique, le général Regnault de

« Saint-Jean-d'Angély fit preuve de la plus grande énergie,
« ainsi que les géneraux qui commandaient sous ses ordres.
« Le général de division Mellinet eut deux chevaux tués sous
« lui ; le général Cler tomba mortellement frappé ; le général
« Wimpfen fut blessé à la tête ; les commandants Desmé et Mau-
« d'huy des grenadiers de la garde furent tués ; les zouaves
« perdirent 200 hommes, et les grenadiers subirent des pertes
« non moins considérables.

« Enfin, après une longue attente de quatre heures, pendant
« laquelle la division Mellinet soutint sans reculer les attaques
« de l'ennemi, la brigade Picard, le maréchal Canrobert en
« tête, arriva sur le lieu du combat. Peu après parut la
« division Vinoy, du corps du général Niel, que l'Empereur
« avait fait appeler, puis enfin les divisions Regnault et Trochu,
« du corps du maréchal Canrobert.

« En même temps, le canon du général Mac-Mahon se fai-
« sait de nouveau entendre dans le lointain. Le corps du
« général, retardé dans sa marche et moins nombreux qu'il
« n'aurait dû l'être, s'était avancé en deux colonnes sur Magenta
« et Buffalora.

« L'ennemi ayant voulu se porter entre ses deux colonnes
« pour les couper, le général de Mac-Mahon avait rallié celle
« de droite sur celle de gauche, vers Magenta, et c'est ce qui
« explique comment le feu avait cessé, dès le début de l'action,
« du côté de Buffalora.

« En effet, les Autrichiens, se voyant pressés sur leur front
« et sur leur gauche, avaient évacué le village de Buffalora et
« porté la plus grande partie de leurs forces contre le général
« de Mac-Mahon, en avant de Magenta. Le 45e de ligne s'élança
« avec intrépidité à l'attaque de la ferme de Cascina Nuova.

« qui précède le village, et qui était défendue par deux régi-
» ments hongrois. Quinze cents hommes de l'ennemi y dépo-
» sèrent leurs armes, et le drapeau fut enlevé sur le cadavre
« du colonel. Cependant la division de La Motterouge se trou-
« vait pressée par des forces considérables qui menaçaient de la
« séparer de la division Espinasse. Le général de Mac-Mahon
« avait disposé en seconde ligne les treize bataillons des volti-
« geurs de la garde, sous le commandement du brave général
« Camou qui, se portant en première ligne, soutint au centre
« les efforts de l'ennemi et permit aux divisions de La Mot-
» rouge et Espinasse de reprendre vigoureusement l'offensive.

« Dans ce moment d'attaque générale, le général Auger,
» commandant l'artillerie du 2ᵉ corps, fit mettre en batterie
« sur la chaussée du chemin de fer quarante bouches à feu
» qui, prenant en flanc et d'écharpe les Autrichiens défilant
« en grand désordre, en firent un carnage affreux.

« A Magenta, le combat fut terrible. L'ennemi défendit ce
» village avec acharnement. On sentait de part et d'autre
» que c'était la clef de la position. Nos troupes s'en emparèrent
« maison par maison, en faisant subir aux Autrichiens des
« pertes énormes. Plus de 10,000 des leurs furent mis hors de
« combat, et le général de Mac-Mahon leur fit environ, 8,000 pri-
» sonniers, parmi lesquels un régiment tout entier, le 2ᵉ chas-
« seurs à pied commandé par le colonel Hauser. Mais le corps
» du général eut lui-même beaucoup à souffrir : 1,500 hommes
« furent tués ou blessés. A l'attaque du village, le général
» Espinasse et son officier d'ordonnance, le lieutenant Froi-
» defond, étaient tombés frappés à mort. Comme lui, à la tête
» de leurs troupes, étaient tombés les colonels Drouhot, du
« 65ᵉ de ligne, et de Chambrière, du 2ᵉ régiment étranger.

« D'un autre côté, les divisions Vinoy et Renault faisaient
« des prodiges de valeur sous les ordres du maréchal Can-
« robert et du général Niel. La division Vinoy, partie de
« Novare dès le matin, arrivait à peine à Trecate, où elle
« devait bivouaquer, quand elle fut appelée par l'Empereur.
« Elle marcha au pas de course jusqu'à Ponte di Magenta, en
« chassant l'ennemi des positions qu'il occupait et en lui
« faisant plus de 1,000 prisonniers ; mais, engagée avec des
« forces supérieures, elle eut à subir beaucoup de pertes :
« 11 officiers furent tués et 50 blessés ; 650 sous-officiers et sol-
« dats furent mis hors de combat. Le 85ᵉ de ligne eut surtout
« à souffrir : le commandant Delort, de ce régiment, se fit
« bravement tuer à la tête de son bataillon, et les autres offi-
« ciers supérieurs furent blessés. Le général de Martimprey
« fut atteint d'un coup de feu en conduisant sa brigade.

« Les troupes du maréchal Canrobert firent aussi des pertes
« regrettables. Le colonel de Senneville, son chef d'état-major,
« fut tué à ses côtés ; le colonel Charlier, du 90ᵉ, fut mortelle-
« ment atteint de cinq coups de feu, et plusieurs officiers de la
« division Renault furent mis hors de combat, pendant que le
« village de Ponte di Magenta était pris et repris sept fois de
« suite.

« Enfin, vers huit heures et demie du soir, l'armée française
« restait maîtresse du champ de bataille, et l'ennemi se reti-
« rait en laissant entre nos mains quatre canons, dont un pris
« par les grenadiers de la garde, deux drapeaux et sept mille
« prisonniers. On peut évaluer à vingt mille environ le nombre
« des Autrichiens mis hors de combat. On a trouvé sur le
« champ de bataille douze mille fusils et trente mille sacs.

« Les corps autrichiens qui ont combattu contre nous sont

« ceux de Klam-Gallas, Zobel, Schwartzenberg et Lichtenstein.

« Le feld-maréchal Giulay commandait en chef.

« Ainsi, cinq jours après le départ d'Alexandrie, l'armée
« alliée avait livré trois combats, gagné une bataille, débar-
« rassé le Piémont des Autrichiens et ouvert les portes de Mi-
« lan. Depuis le combat de Montebello, l'armée autrichienne a
« perdu 25,000 hommes tués ou blessés, 10,000 prisonniers
« et 17 canons. »

Cette bataille, qui nous ouvre les portes de la Lombardie,
coûte à l'ennemi vingt mille hommes tués ou blessés, sept mille
prisonniers au moins, deux drapeaux, trois canons. Nos pertes
sont de quatre mille quatre cent quarante-quatre hommes tués
ou blessés, et un canon pris par l'ennemi. Parmi les morts se
trouvent les généraux Espinasse et Cler.

L'Empereur éleva sur le champ de bataille, à la dignité de
maréchaux de France, les généraux Regnault de Saint-Jean-
d'Angély, commandant de la garde impériale, et Mac-Mahon,
commandant du deuxième corps d'armée. Ce dernier, dont l'habile manœuvre et l'attaque hardie ont décidé du succès de la
journée, fut en outre créé duc de Magenta.

Les alliés victorieux marchent sur Milan, qui s'insurge, et
d'où fuit précipitamment la garnison autrichienne, en abandon-
nant des canons, les caisses de l'armée et des munitions de toute
espèce.

Le lendemain, 6 juin, la municipalité de Milan se présente au
quartier général, où elle remet au roi, en présence de l'Empereur, l'adresse suivante :

« Sire,

« La municipalité de Milan est fière d'user aujourd'hui d'un de ses plus précieux priviléges en se rendant l'interprète des vœux de ses concitoyens, dans les graves circonstances où nous sommes. Elle veut renouveler vis-à-vis de vous le pacte de 1848, et proclamer de nouveau à la face de la nation ce grand fait que onze années ont mûri dans les intelligences et dans les cœurs.

« L'annexion de la Lombardie au Piémont, qui a été proclamée ce matin au moment où l'artillerie ennemie pouvait encore foudroyer la ville, et tandis que ses bataillons défilaient sur nos places, l'annexion est le premier pas fait dans la voie d'un nouveau droit public qui laisse les peuples arbitres de leurs destinées.

« L'héroïque armée sarde et celle de son auguste allié, qui veut l'Italie libre jusqu'à l'Adriatique achèveront bientôt leur magnanime entreprise.

« Daignez, Sire, agréer l'hommage que Milan vous adresse par notre organe. Croyez que tous nos cœurs sont à vous ; notre cri est : Vive le roi ! vive le *Statut* de l'Italie ! »

Nos troupes triomphantes poursuivent l'ennemi en pleine déroute sur l'Adda. Le drapeau de l'indépendance flotte sur les murs de la capitale de la Lombardie !

Immédiatement transmise en France par le télégraphe, la nouvelle de notre éclatante victoire de Magenta y fut accueillie par les manifestations du patriotisme le plus sincère. Tandis que le canon des Invalides l'annonçait à la capitale, elle se répandait dans les départements avec la rapidité de l'éclair. Dans les villes, dans les villages, et jusque dans les moindres hameaux, cette nouvelle fit éclater les sentiments enthousiastes des populations pour notre jeune armée. Partout, les édifices publics et les maisons particulières furent illuminés et pavoisés.

Partout des *Te Deum* furent chantés en action de grâces au Dieu des armées.

Les souverains alliés étaient attendus à Milan le 7 juin. La ville s'était portée en foule de très-bonne heure vers l'arc de triomphe du Simplon, par où ils devaient entrer. C'était un spectacle indescriptible que celui que présentait à ce moment la population milanaise rangée sur les deux côtés de la route, depuis la rotonde du Simplon jusqu'à la place du Dôme. La municipalité et l'évêque, Mgr. Caccia, s'étaient placés sous l'arc de triomphe, pour complimenter l'Empereur et le roi. La garde nationale, improvisée en deux jours, formait la haie sur le chemin que le cortége devait suivre.

Vers dix heures parurent, précédés de deux corps de musiciens milanais, les bataillons français. Le maréchal de Mac-Mahon, le héros de Magenta, était à la tête de ses troupes et fut acclamé avec frénésie. A la suite de son état-major défilaient les turcos, les 2ᵉ, 45ᵉ, 65ᵉ, 70ᵉ de ligne, un régiment de chasseurs à cheval et un détachement d'artillerie avec seize pièces de canon.

Le maréchal de Mac-Mahon annonça aux Milanais que l'Empereur ne devait arriver que le lendemain, avec sa garde et en compagnie de Victor-Emmanuel. Il avait voulu laisser aux vainqueurs de Magenta les honneurs de la première journée. Le 8 juin, à 7 heures et un quart du matin, l'Empereur et le roi faisaient enfin leur entrée dans la grande cité lombarde.

L'aspect du Corso était vraiment merveilleux. Tous les balcons étaient recouverts d'étoffes en soie ou en velours brodées de franges d'or, toutes les maisons pavoisées de drapeaux tricolores italiens et français. Dans les rues, les officiers agitaient leurs sabres en signe de remercîment, aux fenêtres les femmes envoyaient des fleurs et des baisers. Lorsque les souverains parurent, les acclamations redoublèrent. Le roi Victor-Emmanuel marchait au milieu de la rue, ayant l'Empereur à sa droite : Napoléon III n'avait voulu entrer que le second dans la nouvelle capitale. Il tenait à montrer à l'Europe que la victoire ne lui faisait point oublier le noble mobile de sa conduite, et qu'il n'avait point entrepris une guerre de conquête.

Quelques instants après, on affichait sur les murs de Milan les proclamations suivantes :

« Italiens,

« La fortune de la guerre me conduisant aujourd'hui dans « la capitale de la Lombardie, je viens vous dire pourquoi j'y « suis.

« Lorsque l'Autriche attaqua injustement le Piémont, je ré- « solus de soutenir mon allié le roi de Sardaigne : l'honneur et « les intérêts de la France m'en faisaient un devoir. Vos enne- « mis, qui sont les miens, ont tenté de diminuer la sympathie « universelle qu'il avait en Europe pour votre cause en faisant « croire que je ne faisais la guerre que par ambition person- « nelle ou pour agrandir le territoire de la France.

« S'il y a des hommes qui ne comprennent pas leur époque, « je ne suis pas du nombre. Dans l'état éclairé de l'opinion pu- « blique, on est plus grand aujourd'hui par l'influence morale « qu'on exerce que par des conquêtes stériles, et cette influence « morale je la recherche avec orgueil en contribuant à rendre « libre une des plus belles parties de l'Europe. Votre accueil « m'a déjà prouvé que vous m'avez compris. Je ne viens pas ici « avec un système préconçu pour déposséder les souverains, « ni pour vous imposer ma volonté ; mon armée ne s'occupera

« que de deux choses : combattre vos ennemis et maintenir l'or-
« dre intérieur ; elle ne mettra aucun obstacle à la libre mani-
« festation de vos vœux légitimes.

« La Providence favorise quelquefois les peuples comme les
« individus en leur donnant l'occasion de grandir tout à coup,
« mais c'est à la condition qu'ils sachent en profiter. Profitez
« donc de la fortune qui s'offre à vous ! Votre désir d'indépen-
« dance si longtemps exprimé, si souvent déçu, se réalisera,
« si vous vous en montrez dignes. Unissez-vous donc dans un
« seul but : l'affranchissement de votre pays. Organisez-vous
« militairement. Volez sous les drapeaux du roi Victor-Emma-
« nuel qui vous a déjà si noblement montré la voie de l'hon-
« neur. Souvenez-vous que sans discipline il n'y a pas d'armée,
« et, animés du feu sacré de la patrie, ne soyez aujourd'hui
« que soldats ; demain, vous serez citoyens libres d'un grand
« pays.

« Fait au quartier impérial de Milan, 8 juin 1859. »

ORDRE DU JOUR.

« Soldats !

« Il y a un mois, confiant dans les efforts de la diplomatie,
« j'espérais encore la paix, lorsque tout à coup l'invasion du
« Piémont par les troupes autrichiennes nous appela aux armes.
« Nous n'étions pas prêts. Les hommes, les chevaux, le maté-
« riel, les approvisionnements manquaient, et nous devions,
« pour secourir nos alliés, déboucher à la hâte, par petites frac-
« tions, au delà des Alpes, devant un ennemi redoutable et
« préparé de longue main.

« Le danger était grand ; — l'énergie de la nation et votre
« courage ont suppléé à tout. La France a retrouvé ses anciennes

« vertus, et, unie dans un même but comme en un seul senti-
« ment, elle a montré la puissance de ses ressources ·et la
« force de son patriotisme. Voici dix jours que les opérations
« ont commencé, et déjà le territoire piémontais est débar-
« rassé de ses envahisseurs.

« L'armée alliée a livré quatre combats heureux et remporté
« une victoire décisive qui lui ont ouvert les portes de la capi-
« tale de la Lombardie; vous avez mis hors de combat plus de
« trente-cinq mille Autrichiens, pris dix-sept canons, deux
« drapeaux, huit mille prisonniers; mais tout n'est pas ter-
« miné : nous aurons encore des luttes à soutenir, des obstacles
« à vaincre.

« Je compte sur vous. Courage donc, braves soldats de
« l'armée d'Italie! du haut du ciel vos pères vous contemplent
« avec orgueil!

« Fait au quartier général de Milan, le 8 juin 1859. »

Dans cette même journée du 8, la représentation municipale
de Milan se rendit auprès de Victor-Emmanuel pour le féliciter
et confirmer la reconnaissance de son gouvernement.

Le soir même de cette journée si remplie, les Français avaient
conquis un nouveau titre à la gratitude des Lombards; comme
pour cimenter les serments d'amitié qui venaient d'être échangés
entre les deux nations, on apprit, au milieu des illuminations
qui changeaient les rues de Milan en rivières de flamme, le
brillant combat de Melegnano et ses heureux résultats.

Une partie de notre armée, en effet, avait poursuivi sa
route, et allait débusquer l'ennemi qui, au nombre de
35,000 hommes, s'était fortement retranché à Melegnano,
petite ville située à 14 kilomètres sud-est de Milan, à mi-

chemin entre Milan et Lodi. Les Autrichiens avaient espéré
ainsi arrêter notre marche et donner à leur matériel et à leurs
bagages le temps de se retirer.

Chargé par l'Empereur de s'emparer de cette position importante, d'où nous pouvions menacer à la fois deux lignes de
retraite de l'ennemi, le maréchal Baraguey-d'Hilliers arriva à
quatre heures avec son corps d'armée devant Melegnano.

La ville, située au milieu d'une vaste plaine, est traversée
par une route, bordée de chaque côté d'un canal et de prés
coupés de fossés et de rizières. La division Bazaine occupa
cette route, tandis que la division Ladmirault rangeait ses
bataillons en colonnes serrées dans un chemin plus étroit. En
dehors du village, et du côté de la division Ladmirault, était
postée, invisible à l'ennemi, l'artillerie de la division Forey.

Le premier régiment de zouaves est lancé en avant le premier; il refoule deux régiments autrichiens, veut pénétrer
dans le village, et est accueilli par un feu très-vif de mousque-
terie venu du cimetière où l'ennemi s'était solidement établi. De
là, complétement à l'abri de nos balles, il fusillait nos zouaves
à bout portant.

Cependant, l'intrépide colonne avançait toujours. Les tirailleurs du 10e chasseurs de Vincennes la suivaient, et le cimetière fut enlevé à la baïonnette après un combat d'une demi-
heure.

Pendant que la division Bazaine attaquait ainsi le village
par la route, la division Ladmirault était parvenue à se frayer
un passage et prenait l'ennemi en flanc sur la gauche. Après
s'être battues pendant plus de deux heures avec un acharnement indicible, nos troupes pénètrent dans Melegnano; le
combat recommence dans chaque rue ; les Autrichiens se barri-

cadent dans les maisons ; il faut faire le siége de chaque bi-
coque, et l'enlever à la baïonnette.

La nuit s'approchait ; une pluie d'orage commençait à
tomber. Ce contre-temps incommodait beaucoup nos soldats ;
il était moins sensible pour l'ennemi : celui-ci avait beaucoup
de ses hommes cachés dans les maisons, d'où ils pouvaient
ajuster nos troupes et les atteindre sans être exposés. De
chaque fenêtre il pleuvait des balles. Les murailles avaient
été crénelées et servaient de remparts à d'autres combattants.

Les Français gagnent cependant du terrain, pénètrent dans
les maisons et les Autrichiens, délogés, s'élancent de nouveau
dans la rue où recommence une lutte corps à corps. Après six
heures de résistance opiniâtre, ils finissent par lâcher pied, par
abandonner la ville, et s'enfuient sur la route de Lodi.

Le général Forey, qui commandait la réserve, prévoyant la
fuite de l'ennemi, avait tourné le village. Il lança contre les
fuyards 120 bottes à mitraille de 80 balles chacune, qui jon-
chèrent le sol de cadavres. Nous fîmes environ 1,200 prisonniers et ramassâmes plus de 400 blessés autrichiens gisant
pêle-mêle au milieu des morts. Ce beau succès ne pouvait être
que chèrement acheté, la position de l'ennemi, invisible derrière ses créneaux, lui ayant permis d'abord de faire feu sur
nos troupes sans que celles-ci aient pu riposter. On compte
dans nos rangs 68 officiers et 874 hommes mis hors de combat. Il faut citer parmi les morts le brave colonel Paulze d'Ivoy ;
parmi les blessés l'aide de camp du général Ladmirault, M. Nau
de Champlouis, capitaine d'état-major, neveu de M. de
Salvandy.

Le même jour, le roi de Sardaigne adressait à la nation
la proclamation suivante :

« Peuples de Lombardie !

« Les victoires des armées libératrices m'ont conduit au mi-
« lieu de vous.

« Le droit national restauré, vos vœux raffermissent l'union
« avec mon règne qui se fonde sur les garanties de la vie
« civile.

« La forme temporaire que je donne aujourd'hui au gouver-
« nement est réclamée par les nécessités de la guerre.

« L'indépendance assurée, les esprits acquerront la sagesse,
« les âmes la vertu, et un régime durable de liberté se fon-
« dera ensuite.

« Peuples de Lombardie, les Subalpins ont fait et font encore
« de grands sacrifices pour la patrie commune; notre armée
« qui a accueilli dans ses rangs une foule de volontaires de nos
« provinces et des autres parties de l'Italie, a déjà donné de
« splendides preuves de sa valeur, en combattant victorieuse-
« ment pour la cause nationale.

« L'Empereur des Français, notre généreux allié, digne
« héritier du nom et du génie de Napoléon, a voulu se mettre
« à la tête de l'héroïque armée de cette grande nation, pour
« rendre l'Italie indépendante depuis les Alpes jusqu'à
« l'Adriatique.

« En faisant émulation de sacrifices, vous seconderez sur
« les champs de bataille ses magnanimes intentions; vous vous
« montrerez dignes des destinées auxquelles l'Italie est appelée
« aujourd'hui après des siècles de souffrance. »

Un décret parut ensuite, nommant podestat le comte Louis
Belgiojoso, réglant les attributions du gouverneur de la Lombardie et révoquant tous les fonctionnaires non italiens.

Le 12 juin, l'Empereur quittait la ville et transportait son quartier général à Gorgonzola, se disposant à franchir l'Adda à la tête de ses troupes, pour forcer la ligne défensive derrière laquelle les Autrichiens s'étaient retirés.

Cependant Garibaldi continue le cours de ses brillants exploits. Après s'être emparé de Côme, le 29 mai, il retourne à Varèse, où les Autrichiens étaient rentrés, tombe sur eux par surprise, le 2 juin, les bat, et délivre une seconde'fois la ville. Le lendemain, il revient à Côme, dont il fait son quartier général, et d'où son action s'étend jusqu'aux montagnes de la Valteline, de Fuente, Sondrio et Tirano, à Bormio.

C'est en vain que le général Urban essaye de le faire sortir de Côme et de l'attirer dans les plaines. Sa descente vers Cantù peut faire croire un moment qu'il se hasarde à la poursuite des Autrichiens ; mais, loin d'être dupe de l'ennemi, c'est lui-même qui l'attire dans le piége. Garibaldi avait trouvé dans ses bataillons de volontaires de nombreux émigrés de la haute Lombardie. Il les fait partir avant lui; ils se mêlent aux populations que le général veut soulever, et déjà il est maître de Côme quand ses partisans, exaltés par ses nombreux avantages, lui amènent les bateaux à vapeur avec lesquels les Autrichiens exploitaient le lac.

Tandis que le chef des volontaires semble vouloir poursuivre es Autrichiens sur la route de Monza, il envoie deux de ces bâtiments à Lecco avec des troupes, change de direction, tourne à gauche, et marche sur Lecco, qui se hâte de proclamer Victor-Emmanuel. C'est par une manœuvre à peu près semblable qu'il soulève la Valteline et Sondrio, sa capitale.

Lorsque l'Empereur et le roi de Piémont arrivent à Milan. Garibaldi se rend auprès d'eux. Victor-Emmanuel le décore de la médaille d'or, l'une des plus hautes récompenses militaires du Piémont. L'intrépide chef des volontaires italiens repart immédiatement pour Lecco, et marche de là sur Bergame, qui est gardée par 5,000 Autrichiens. Il entre, le 6 juin, dans cette ville, que les Autrichiens se sont hâtés d'abandonner à son approche. C'est de Bergame que Garibaldi se porte ensuite sur Brescia, où il précède, suivant son habitude, en hardi et glorieux éclaireur, les souverains alliés.

A peine installé dans Brescia avec sa légion, le général Garibaldi se rend avec une partie de ses forces, dans la nuit du 14 au 15 juin, à Bettoletto; il y fait construire un pont sur la Chiese, en remplacement de celui détruit il y a peu de temps par les Autrichiens. Afin de conserver des communications avec Brescia, il place le reste de ses troupes à Rezzato et à Treponti, avec ordre de tenir tête aux Autrichiens. Ceux-ci, de la position de Castenedolo où ils étaient en grand nombre, avaient leurs vedettes tout près. Une escarmouche d'avant-postes amène un combat. Quelques compagnies du régiment des chasseurs des Alpes, sous les ordres du colonel Medici, attaquent vivement es avant-postes autrichiens qui battent en r⁻ · .ite. Les légionnaires les poursuivent, se laissant emp·'· .er par leur ardeur jusqu'à Castenedolo. Là, les Autrichiens, en masse, tombent sur cette poignée de braves, cherchant à les envelopper. Ceux-ci, s'apercevant du péril qu'ils courent, battent en retraite.

Le général Garibaldi, accouru en toute hâte, parvient à reprendre les anciennes positions, faisant éprouver des pertes sérieuses à l'ennemi. Il fait également lui-même des pertes notables, environ cent morts et blessés, parmi lesquels plusieurs officiers.

Dès le matin, le roi, pour appuyer le mouvement du général Garibaldi, avait donné l'ordre à la 4ᵉ division de prendre position à Santa Eufemia et San Paolo, sur les routes qui, de Brescia, conduisent à Lonato et à Castenedolo. Le général Cialdini, apprenant le combat qui se livrait, s'était rendu avec une partie de sa division à Rezzato, pour appuyer au besoin le mouvement du général Garibaldi. Les Autrichiens ne s'avancent pas au delà de Civilonghe et de Treponti; ils se retirent bientôt après, évacuant même Castenedolo. Un escadron de chevau-légers de Novare reconnut le matin, sur les lieux, l'abandon du village par les Autrichiens, et peu après y être entré, il entendit l'explosion d'une mine avec laquelle les Autrichiens faisaient sauter le pont sur la Chiese, en face de Montechiaro.

Une diversion d'une importance non moindre pour les troupes franco-sardes s'était, dès l'origine même de la guerre, opérée dans l'Italie centrale : la Toscane, le duché de Parme, celui de Modène, s'étaient soulevés contre leurs souverains légitimes, et ceux-ci avaient en toute hâte abandonné leurs États. Le général Ulloa avait été nommé commandant en chef des troupes toscanes.

C'est vers cette partie de l'Italie qu'est dirigé le 5e corps d'armée, commandé par le prince Napoléon. Le prince est accueilli partout avec le plus vif enthousiasme. Aidé d'Ulloa, il organise les duchés militairement : il est prêt, quand il le faudra, à entrer en campagne à son tour, et sa jonction sera des plus utiles à l'armée franco-sarde, qui ainsi s'augmentera tout d'un coup de 40,000 hommes de troupes fraîches.

Après Melegnano, l'armée autrichienne avait évacué Pavie et Lodi; poursuivie par les alliés, elle se retire dans la basse Lombardie, derrière l'Adda, après avoir fait sauter tous les ponts établis sur cette rivière. Dès lors commence cette retraite des Autrichiens due, assure-t-on, aux conseils du général Hess, et qui a pour but d'opérer une concentration rapide, dans les lignes du Mincio et de l'Adige, de toutes les forces que l'Autriche possède en Italie. Le mouvement rétrograde de l'armée ennemie se poursuit le 10 juin et les jours suivants, par l'évacuation de Pizzighettone, de Crémone, de Plaisance, situées sur la partie inférieure du cours de l'Adda. Dans le nord de la Lombardie, d'autres corps d'armée, fuyant devant les intrépides chasseurs des Alpes, abandonnent Bergame, Brescia, et viennent se joindre au gros de l'armée. Enfin, les garnisons autrichiennes de Brescella et de Reggio se retirent, et font pressentir l'évacuation presque immédiate du duché. A la date du 12 juin, toute l'armée de François-Joseph est massée sur la rive gauche de l'Adda, et son quartier général est établi à Cavatigozzi, mais la célérité de notre marche ne lui permet pas de s'arrêter longtemps dans cette position.

Napoléon, en effet, fait jeter deux ponts sur l'Adda, à la hauteur de Cassano; en même temps, grâce au zèle des pontonniers, dirigés par l'énergique général Le Bœuf, les ponts coupés par l'ennemi sont réparés avec une promptitude incomparable. L'armée commence aussitôt son mouvement. Le lendemain, toutes les divisions françaises avaient traversé l'Adda, à Cassano, et les divisions piémontaises la franchissaient à Vaprio, ayant à leur tête le roi Victor-Emmanuel, parti le 11 de Milan, pour rejoindre ses troupes en marche sur Bergame.

Les armées alliées poursuivent leur marche parallèle les jours suivants; les Français passent le Serio le 14, et transportent leur quartier général à Palazzolo, sur l'Oglio. Les Sardes traversent le Serio à Seriate et se portent également sur l'Oglio. Le lendemain leur avant-garde est à Coccaglio, à mi-chemin entre Palazzolo et Brescia. Elle y remplace le corps du général Urban, qui l'a abandonné depuis quelques heures seulement. Le 17, elle arrive à Castagneto, à six milles à l'ouest de Brescia, où se dirige aussi l'armée française par un mouvement convergent exécuté à la droite de l'armée sarde. Le 16, le quartier général de l'Empereur est établi à Covo, entre le Serio et l'Oglio; le 17, il se transporte au delà de l'Oglio, à Travigliato, au-dessous de Castagneto, sur la droite de la route de Bergame à Brescia, où ne doit pas tarder à s'opérer la jonction des armées alliées. Le même jour, en effet, l'armée sarde prend position sur la Mella, aux portes de Brescia. La veille, le général Urban a brûlé le pont établi sur cette rivière, à Portogatello, et s'est porté à Montechiaro, sur la Chiese, où le gros de l'armée autrichienne se trouve rassemblé. Mais aussitôt cette ville est évacuée à son tour, et les Autrichiens continuent à se retirer. Ils se portent de leur droite à Lonato, entre Brescia et Peschiera, de leur centre sur les hauteurs de Castiglione, et de leur gauche vers Castelgoffredo, ville située à 28 kilomètres nord-ouest de Mantoue.

Ici se produisit un fait très-inattendu, et qu'il est difficile d'expliquer. Les Autrichiens, qui s'étaient solidement fortifiés dans leurs positions, les abandonnèrent tout à coup, et elles furent occupées dès le lendemain par les Français. Quel but se proposait donc la volonté qui présidait aux destinées de l'armée autrichienne? Voulait-on laisser les alliés franchir tranquillement le Mincio et s'introduire ainsi dans le quadrilatère? Ou bien leur disputer le passage du Mincio sur le fleuve même, avec une armée dont la droite s'appuierait sur Peschiera et la gauche sur Mantoue? Les intentions des généraux ennemis ne devaient pas tarder à se dessiner.

Trois jours auparavant, le 18 juin, Napoléon III avait fait son entrée solennelle à Brescia, où le roi Victor-Emmanuel l'avait précédé d'un jour, et où les deux quartiers généraux se trouvèrent ainsi réunis.

Nous passerons rapidement sur les événements militaires qui s'accomplirent depuis l'entrée des alliés à Brescia jusqu'à la bataille de Solferino et au passage du Mincio.

Le 21 juin, l'Empereur et le roi de Sardaigne quittent Brescia pour se porter en avant, à la tête de l'armée. Le quartier général de l'empereur François-Joseph est transféré le même jour de Vérone à Villafranca, c'est-à-dire se rapproche beaucoup du Mincio. Le 22, l'armée française passe la Chiese à Montechiaro; le 23, les souverains alliés entrent à Lonato et poussent une reconnaissance jusqu'à Desenzano. Le 24 juin, les Autrichiens repassent le Mincio et viennent nous présenter la bataille. Pour le récit de ce glorieux fait d'armes, nous ne saurions mieux faire encore que de reproduire dans ses parties les plus saillantes le rapport si remarquable du *Moniteur* :

« Le 24 juin, dès cinq heures du matin, l'Empereur, étant « à Montechiaro, entendit le bruit du canon dans la plaine et « se dirigea en toute hâte vers Castiglione, où devait se réunir « la garde impériale.

« Pendant la nuit, l'armée autrichienne, qui s'était décidée « à prendre l'offensive, avait passé le Mincio à Goito, Va- « leggio, Monzambano et Peschiera, et elle occupait de nou- « veau les positions qu'elle venait tout récemment d'aban- « donner.

« Les deux armées, en marche l'une contre l'autre, se ren- « contrèrent donc inopinément. A peine les maréchaux Ba- « raguey-d'Hilliers et de Mac-Mahon avaient-ils dépassé « Castiglione, qu'ils se trouvèrent en présence de forces con- « sidérables qui leur disputèrent le terrain. Au même instant,

« le général Niel se heurtait contre l'ennemi à la hauteur de
« Medole. L'armée du roi, en route pour Pozzolongo, ren-
« contrait de même les Autrichiens en avant de Rivoltella, et,
« de son côté, le maréchal Canrobert trouvait le village de
« Castelgoffredo occupé par la cavalerie ennemie.

« Tous les corps de l'armée alliée étant alors en marche à
« une assez grande distance les uns des autres, l'Empereur
« se préoccupa tout d'abord de les rallier, afin qu'ils pussent
« se soutenir mutuellement. A cet effet, Sa Majesté se porta
« immédiatement auprès du maréchal duc de Magenta. Comme
« le général Niel ne paraissait pas encore, Sa Majesté fit hâter
« la marche de la cavalerie de la garde impériale et la mit sous
« les ordres du duc de Magenta, comme réserve, et envoya
« en même temps au maréchal Canrobert l'ordre d'appuyer le
« général Niel autant que possible.

« Le maréchal était néanmoins arrivé jusqu'au pied de la
« colline abrupte au sommet de laquelle est bâti le village de
« Solferino, que défendaient des forces considérables, retran-
« chées dans un vieux château et dans un grand cimetière.
« Il avait déjà perdu beaucoup de monde, et avait dû
« payer plus d'une fois de sa personne en portant lui-même
« en avant les troupes des divisions Bazaine et Ladmirault.
« Exténuées de fatigue et de chaleur, et exposées à une vive
« fusillade, ces troupes ne gagnaient du terrain qu'avec beau-
« coup de difficulté. En ce moment, l'Empereur donna l'ordre
« à la division Forey de s'avancer, une brigade du côté de la
« plaine, l'autre sur la hauteur, contre le village de Solferino,
« et la fit soutenir par la division Camou, des voltigeurs de la
« garde.

« Il fit marcher avec ces troupes l'artillerie de la garde qui,

« sous la conduite du général de Sévelinges et du général
« Le Bœuf, alla prendre position à découvert, à trois cents
« mètres de l'ennemi. Cette manœuvre décida du succès au
« centre. Pendant que la division Forey s'emparait du cime-
« tière et que le général Bazaine lançait ses troupes dans le
« village, les voltigeurs et les chasseurs de la garde impériale
« grimpaient jusqu'au pied de la tour qui domine le château et
« s'en emparaient. Les mamelons des collines qui avoisinent
« Solferino étaient successivement enlevés et, à trois heures
« et demie, les Autrichiens évacuaient la position sous le feu de
« notre artillerie couronnant les crêtes.

« Tandis que le corps du maréchal Baraguey-d'Hilliers sou-
« tenait la lutte à Solferino, le corps du duc de Magenta s'était
« déployé dans la plaine de Guidizzolo. A neuf heures du
« matin, il fut attaqué par une forte colonne autrichienne, pré-
« cédée d'une nombreuse artillerie qui vint se mettre en bat-
« terie à 1,000 ou 1,200 mètres en avant de notre front. L'ar-
« tillerie des deux premières divisions du 2e corps, s'avançant
« immédiatement sur la ligne des tirailleurs, ouvrit un feu très-
« vif contre le front des Autrichiens, et, dans le même instant,
« les batteries à cheval des divisions Desvaux et Partouneaux
« se portant rapidement sur la droite, prirent d'écharpe les
« canons ennemis.

« Cependant une colonne de deux régiments de cavalerie
« autrichienne avait cherché à tourner la gauche du 2e corps,
« et le duc de Magenta avait dirigé contre elle six escadrons
« de chasseurs. Trois charges heureuses de notre cavalerie
« repoussèrent celle de l'ennemi.

« A deux heures et demie, le duc de Magenta prit l'offensive
« à son tour, et donna au général La Motterouge l'ordre de se

« porter sur sa gauche, du côté de Solferino, pour enlever San
« Cassiano et les autres positions occupées par l'ennemi.

« En même temps, l'Empereur donnait l'ordre à la brigade
« Manèque, des voltigeurs de la garde, appuyée par les gre-
« nadiers du général Mellinet, de se porter de Solferino contre
» Cavriana.

« L'ennemi ne put résister plus longtemps à cette double
« attaque soutenue par le feu de l'artillerie de la garde, et,
« vers cinq heures du soir, les voltigeurs et les tirailleurs
« algériens entraient en même temps dans le village de Ca-
« vriana.

« En ce moment, une effroyable tempête, qui éclata sur les
« deux armées, obscurcit le ciel et suspendit la lutte ; mais
« dès que l'orage eut cessé, nos troupes reprirent l'œuvre com-
« mencée et chassèrent l'ennemi de toutes les hauteurs qui
« dominent le village. Bientôt après, le feu de l'artillerie de la
« garde changeait la retraite des Autrichiens en une fuite pré-
« cipitée.

« Pendant cette affaire, les chasseurs à cheval de la garde,
« qui flanquaient la droite du duc de Magenta, eurent à charger
« la cavalerie autrichienne qui menaçait de le tourner.

« A six heures et demie, l'ennemi battait en retraite dans
« toutes les directions.......

« Au milieu des péripéties de ce combat de douze heures,
« la cavalerie a été d'un puissant secours pour arrêter les
« efforts de l'ennemi du côté de Casanova. Mais c'est
« surtout notre nouvelle artillerie qui produisit sur l'ennemi
« les effets les plus terribles. Ses coups allaient l'atteindre à
« des distances d'où les plus gros calibres étaient impuissants
« à riposter, et jonchaient la plaine de cadavres.

« Le 4ᵉ corps a enlevé aux Autrichiens un drapeau, sept
« pièces de canon et 2,000 prisonniers.

« De son côté, l'armée du roi, placée à notre extrême
« gauche, avait eu également sa rude et belle journée......

« Les pertes de l'armée française se sont élevées au
« chiffre de 12,000 hommes de troupe tués ou blessés et
« de 720 officiers hors de combat, dont 150 tués. Parmi les
« blessés, on compte les généraux de Lamirault, Forey,
« Auger, Dieu et Douay ; 7 colonels et 6 lieutenants-colonels
« ont été tués.

« Celles de l'armée sarde furent malheureusement très-
« considérables et ne s'élevèrent pas à moins de 49 officiers
« tués, 167 blessés, 642 sous-officiers et soldats tués,
« 3,405 blessés, 1,258 hommes disparus : total 5,525 man-
« quant à l'appel. Cinq pièces de canon étaient restées aux
« mains de l'armée du roi comme trophée de cette sanglante
« victoire qu'elle avait remportée contre un ennemi supérieur
« en nombre et dont les forces paraissent n'avoir pas été
« moindres de 12 brigades.

« Quant aux pertes de l'armée autrichienne, elles n'ont
« pu être estimées encore; mais elles ont dû être très-con-
« sidérables, à en juger par le nombre des morts et des
« blessés qu'ils ont abandonnés sur toute l'étendue d'un
« champ de bataille qui n'a pas moins de 5 lieues de front.
« Ils ont laissé dans nos mains 30 pièces de canons, un
« grand nombre de caissons, 4 drapeaux et 6,000 prisonniers.

« L'empereur Napoléon n'a pas cessé un seul instant de
« diriger l'action en se portant sur tous les points où ses trou-
« pes avaient à déployer les plus grands efforts et à triompher
« des obstacles les plus difficiles. A diverses reprises, les pro-

« jectiles de l'ennemi ont frappé dans les rangs de l'état-major
« et de l'escorte qui suivaient Sa Majesté. »

A ce document, si remarquable et que nous regrettons de
n'avoir pu reproduire dans son entier, nous n'avons que peu
de mots à ajouter.

Les honneurs de la journée reviennent sans conteste au
général Manèque, dont la brigade enleva un drapeau, des
prisonniers et treize pièces de canons, et au général de division Niel, élevé sur le champ de bataille même à la dignité de
maréchal de France.

Le général Auger, que l'Empereur avait fait général de division sur le champ de bataille, a succombé à la suite d'une opération douloureuse. C'était un de nos officiers supérieurs les plus
jeunes et les plus distingués.

Il serait impossible de citer ici toutes les actions d'éclat qui
ont eu lieu dans cette rude journée où chacun, rivalisant d'audace et de courage, a noblement fait son devoir : officiers et
soldats de toutes armes ont tous droit au même tribut d'éloges,
« et si, comme le dit le maréchal Baraguey-d'Hilliers dans
son remarquable rapport, parmi les officiers, surtout, le chiffre
des tués et des blessés est au-dessus de la proportion ordi-
naire, c'est que tous ont payé largement de leurs personnes,
heureux de donner ainsi à l'Empereur une nouvelle preuve de
leur dévouement. »

Le lendemain, 25 juin, l'Empereur et le roi de Sardaigne faisaient, chacun de leur côté, connaître par leurs proclamations
que tous, Français et Sardes, avaient rempli leur devoir dans
cette mémorable journée : « Soldats, disait Napoléon, l'ennemi
croyait nous surprendre et nous rejeter au delà de la Chiese.
C'est lui qui a repassé le Mincio. Vous avez dignement soutenu

l'honneur de la France, et la bataille de Solferino égale et dé-
passe même les souvenirs de Lonato et de Castiglione. » De son
côté, Victor-Emmanuel portait l'armée sarde tout entière à
l'ordre du jour.

Cependant les Autrichiens, battus et chassés de leurs positions les plus fortes, renoncèrent à nous disputer le passage du
Mincio. L'Empereur n'attendait plus dès lors que la jonction
du 5me corps, celui du prince Napoléon, pour commencer son
mouvement. Cette jonction ne devait pas tarder à s'effectuer.
Le 27, au matin, l'ordre fut transmis à tous les corps d'armée
de se porter en avant : ils franchirent le Mincio sans rencon-
trer aucune résistance. Le quartier général fut transporté
le 29 juin à Volta, et, le 1er juillet, à 4 kilomètres plus loin, sur
la rive gauche du Mincio, à Valeggio, où Napoléon fut, comme
il l'avait été partout, accueilli avec le plus vif enthousiasme.

Tandis qu'une partie de nos troupes traversait le Mincio à
Valleggio, d'autres corps d'armée passaient par Goito, par Monzambano et par Pozzolo. Le lendemain, l'armée française tout
entière était concentrée sur la rive gauche du Mincio ; ses avant-
postes campaient à Capo, à 8 kilomètres de Vérone.

Partout l'ennemi avait disparu, laissant, tout le long de la
route, des travaux de défense qui témoignaient à la fois et de
son découragement et de notre force.

Les Sardes, qui tenaient la droite de la ligne des armées
alliées, appuyés par le maréchal Baraguey-d'Hilliers, campant
à Monzambano, furent chargés de l'investissement de Peschiera.

Le roi Victor-Emmanuel fixa son quartier général à Rivoltella d'abord, puis à Ponti, sur le lac de Garde, à quelques
kilomètres de Peschiera, et, dès le 30 juin, les travaux com-

mencèrent vigoureusement sur la rive gauche du Mincio, autour de cette place déjà investie sur la droite.

Dans les cinq jours qui suivirent, les travaux préparatoires furent terminés, et le 5 juillet, le parc de siége était établi, notamment les canons rayés du calibre de 12, et les opérations se poursuivaient sérieusement non-seulement sur les deux rives du fleuve, mais du côté du lac. A l'investissement complet succéda, à partir du 5 juillet, la seconde partie de l'opération, qui consiste à resserrer l'investissement, à se rapprocher de l'enceinte, à diminuer l'étendue de la circonvallation. Peschiera comptait cinq ou six mille hommes de garnison, qui de temps en temps faisaient des sorties, mais peu nombreuses, et dont le résultat était à leur désavantage. Les assiégeants travaillaient à leurs parallèles sans tirer un coup de fusil, tandis que du côté des assiégés c'était un feu roulant toute la journée; mais bientôt les Piémontais devaient prendre une vigoureuse offensive, et ouvrir leur feu.

Pendant que se faisaient tous ces préparatifs, et que notre armée s'étendait ainsi et se cantonnait dans ses nouvelles positions, que devenait l'armée autrichienne? Retranchée, disait-on, dans ses forteresses, concentrée surtout dans Vérone, elle était en proie à la démoralisation la plus complète. Ses avant-postes, placés à Villafranca, étaient à peine éloignés de 2 kilomètres du quartier général. Les Autrichiens attendaient-ils patiemment notre marche sur Vérone, ou se décideraient-ils à venir nous présenter encore une bataille? Le matin du 7 juillet, on put croire un instant qu'ils s'arrêtaient à ce dernier parti. On avait vu la veille les avant-postes autrichiens s'étendre, comme une ligne blanche très-développée, dans la plaine, derrière Villafranca. Mais le lendemain matin tout s'était évanoui. En revanche, une péripétie inattendue se produisit tout à coup et fut annoncée par l'Empereur dans une dépêche adressée à l'Impératrice, et dont nous respectons les termes, désormais historiques :

L'EMPEREUR A L'IMPÉRATRICE.

« Une suspension d'armes est convenue entre l'empereur d'Autriche et moi.

« Des commissaires vont être nommés pour en assurer la durée et les clauses. »

La suspension d'armes fut signée le 8 juillet, à Villafranca, par les majors généraux des armées belligérantes : le maréchal Vaillant, au nom de l'Empereur des Français, le général della Rocca au nom du roi de Sardaigne, et le lieutenant feld-maréchal Hess au nom de l'empereur d'Autriche. Le terme en fut fixé au 15 août, et on stipula que les bâtiments de commerce, sans distinction de pavillon, pourraient circuler librement dans l'Adriatique.

L'empereur data de son quartier général de Valeggio, le 10 juillet, l'ordre du jour suivant :

« Soldats,

« Une suspension d'armes a été conclue, le 8 juillet, entre
« les parties belligérantes, jusqu'au 15 août prochain. Cette
« trève vous permet de vous reposer de vos glorieux travaux
« et de puiser, s'il le faut, de nouvelles forces pour continuer
« l'œuvre que vous avez si bravement inaugurée par votre
« courage et votre dévouement. Je retourne à Paris et je laisse
« le commandement provisoire de mon armée au maréchal
« Vaillant, major général. Mais dès que l'heure des combats

« aura sonné, vous me reverrez au milieu de vous pour parta-
« ger vos dangers. »

Le lendemain, 11 juillet, à Villafranca, que les termes de la
suspension d'armes déclaraient terrain neutre, eut lieu une
entrevue entre les deux souverains.

A neuf heures moins un quart, Napoléon III arrivait à Villafranca. Ce n'était pas sans dessein que Sa Majesté avait pris
cette avance ; elle en profita pour marcher au devant de l'empereur d'Autriche, et dépassa la ville de cinq ou six cents mètres.

François-Joseph ne tarda pas à paraître, et s'apercevant que
le vainqueur venait si noblement à sa rencontre, il pressa l'al-
lure de son cheval. En s'abordant, les deux souverains échan-
gèrent une poignée de mains.

François-Joseph parut touché de l'accueil souriant, des ma-
nières franches et ouvertes de l'Empereur Napoléon, et il y
répondit de la façon la plus courtoise.

Les deux souverains restèrent un moment seuls au milieu de
la route. Des deux côtés, l'escorte avait opéré un mouvement
rétrograde : celle de l'Empereur Napoléon se composait des
officiers de sa maison et de son état-major, de l'escadron des
cent-gardes et d'un escadron de guides, revêtus de leurs brillants uniformes de grande cérémonie. L'empereur d'Autriche
portait un képi et une tunique bleue ; il était suivi de son état-
major, d'un escadron de gardes-nobles et d'un escadron de uhlans.

Après quelques minutes d'entretien particulier, les deux
empereurs se présentèrent réciproquement les officiers de leur
état-major ; l'on vit alors les chefs des deux armées rivales se
rapprocher et confondre leurs rangs, et le maréchal Vaillant,
par exemple, converser avec le baron de Hess.

Cependant, Napoléon III et François-Joseph, chevauchant

côte à côte vers Villafranca, entrèrent ensemble dans la ville, et disparurent l'un et l'autre dans la cour d'une maison de modeste apparence, fixée pour l'entrevue. Ils restèrent enfermés ensemble pendant près de deux heures.

A onze heures trois quarts, Napoléon III rentrait à son quartier général, d'où il adressait à l'Impératrice et à la France la dépêche suivante :

« La paix est signée entre l'empereur d'Autriche et moi.

« Les bases de la paix sont :

« Confédération italienne sous la présidence honoraire du « Pape.

« L'empereur d'Autriche cède ses droits sur la Lombardie à « l'Empereur des Français, qui les remet au roi de Sardaigne.

« L'Empereur d'Autriche conserve la Vénétie, mais elle fait « partie intégrante de la Confédération italienne.

« Amnistie générale. »

Ainsi s'accomplit en neuf semaines l'œuvre de l'affranchissement de l'Italie.

Le lendemain, avant de quitter son armée pour revenir en France, l'Empereur, se chargeant lui-même de commenter cette dépêche, annonçait en ces termes à ses soldats que la guerre était terminée, et qu'ils avaient atteint le but pour lequel ils avaient versé leur sang.

« Soldats !

« Les bases de la paix sont arrêtées avec l'empereur d'Au« triche; le but principal de la guerre est atteint : l'Italie va « devenir, pour la première fois, une nation. Une confédération « de tous les États de l'Italie, sous la présidence honoraire du « Saint-Père, réunira en faisceau les membres d'une même fa-

« mille; la Vénétie reste, il est vrai, sous le sceptre de l'Au-
« triche : elle sera néanmoins une province italienne faisant
« partie de la Confédération.

« La réunion de la Lombardie au Piémont nous crée de ce
« côté des Alpes un allié puissant qui nous devra son indépen-
« dance ; les gouvernements restés en dehors du mouvement
« ou rappelés dans leurs possessions comprendront la nécessité
« de réformes salutaires. Une amnistie générale fera disparaître
« les traces des discordes civiles. L'Italie, désormais maîtresse
« de ses destinées, n'aura plus qu'à s'en prendre à elle-même
« si elle ne progresse pas régulièrement dans l'ordre et la li-
« berté.

« Vous allez bientôt retourner en France; la patrie recon-
« naissante accueillera avec transport ces soldats qui ont porté
« si haut la gloire de nos armes à Montebello, à Palestro, à
« Turbigo, à Magenta, à Marignan et à Solferino; qui en deux
« mois ont affranchi le Piémont et la Lombardie, et ne se sont
« arrêtés que parce que la lutte allait prendre des proportions
« qui n'étaient plus en rapport avec les intérêts que la France
« avait dans cette guerre formidable.

« Soyez donc fiers de vos succès, fiers des résultats obtenus,
« fiers surtout d'être les enfants bien-aimés de cette France qui
« sera toujours la grande nation, tant qu'elle aura un cœur
« pour comprendre les nobles causes et des hommes comme
« vous pour les défendre.

« Au quartier impérial de Valeggio, le 12 juillet 1859. »

FIN.

www.ingramcontent.com/pod-product-compliance
Lightning Source LLC
La Vergne TN
LVHW022014080426
835513LV00009B/712